Peter Thönnes

**Spuren von mir**

Peter Thönnes

# Spuren von mir

Lyrik

Für Astrid und Julia

Bibliografische Information der Deutschen
Nationalbibliothek:
Die Deutsche Nationalbibliothek verzeichnet diese
Publikation in der Deutschen Nationalbibliografie;
detaillierte bibliografische Daten sind im Internet
über dnb.dnb.de abrufbar.

Coverfoto: Astrid von Winterbach
Herstellung und Verlag:
BoD – Books on Demand, Norderstedt

ISBN: 978-3-7543-2808-8

**Vorwort**

Mein Name ist Peter Thönnes.

Wahrscheinlich sagt Dir mein Name nicht viel. Wenn Du – wie ich – am unteren, linken Niederrhein in Sonsbeck, Xanten und Umgebung aufgewachsen und zur Schule gegangen bist, besteht die reale Chance, dass wir uns kennen. Ich habe die ersten dreiunddreißig Jahre meines Lebens dort gelebt, ich habe die Liebe entdeckt und zum Teil wieder verloren und ich habe Freunde fürs Leben auf der anderen Rheinseite im schönen Haldern gefunden.

Aber dann verließ ich zur Jahrtausendwende meine Heimat und zog – der Liebe wegen – ins Rheinland und in den Kreis Düren. Dort lebe, liebe und arbeite ich nun seit mehr als zwanzig Jahren. Es kann also sein, dass wir uns hier über den Weg gelaufen sind.

Wenn Du einer der wenigen LeserInnen meines ersten Krimis „Das Grab des Kelten" bist, dann kennst Du mich auch... zumindest meine dunkle Seite, die ich in diesem Roman so richtig ausleben konnte.

Wenn Du zu einer dieser drei Gruppen gehörst, lernst Du mich nun ganz neu kennen.

Wenn ich für Dich aber ein weißes Blatt Papier bin, kannst Du mich unvoreingenommen kennen lernen.

„Spuren von mir" zeigt meine literarischen Anfänge. Von Mitte der achtziger Jahre bis ins neue Jahrtausend hinein habe ich rund einhundertfünfzig Gedichte geschrieben. Die meisten waren Auftragsgedichte von Verwandten, Bekannten oder Freunden, die wiederum Verwandte, Bekannte oder Freunde mit „etwas Lyrischem" zum Geburtstag, Jubiläum oder einer anderen Festivität überraschen wollten. Die Resonanz war durchweg positiv.

Gut fünfzig der Gedichte, die eben nicht „im Auftrag" aus meiner Feder geflossen sind, haben den Weg in dieses Büchlein gefunden.

Du wirst vergeblich eine chronologische Abfolge aller Gedichte suchen. Vielmehr habe ich meine lyrischen Gehversuche zunächst thematisch und erst danach innerhalb des Themas chronologisch sortiert.

Auch wenn es manchmal so klingt, möchte ich betonen, dass ich nie mit dem erhobenen Zeigefinger unterwegs war, vielmehr habe ich in den Gedichten meine Emotionen eingefangen und diese oftmals ungefiltert zu Papier gebracht.

Du findest Heiter- und Leichtigkeit, Schwermut und Trauer, Liebe, Hoffnung und Besinnlichkeit… ich meine, es ist für jeden Geschmack und jeden Anlass „etwas dabei".

Aber bitte: lese selbst. Ich wünsche viel Vergnügen!

2

## Der Anfang

### Die vier Jahreszeiten
(September 1986)

Die vier Jahreszeiten kennen wir:
Frühling, Sommer, Herbst und Winter.
Ich möchte das Ganze beleuchten hier,
so hört gut zu Ihr Eltern und Kinder.

Im Frühling erwacht die Natur aufs Neue
und alles freut sich auf das kommende Jahr.
Die Sonne lächelt und des Himmels Bläue
erfreuen Groß und Klein, das ist doch klar.

Schau: die Sonnenstrahlen erhellen den Wald,
er hat über ein Vierteljahr im Dunkel gelegen.
Und auch die Luft erwärmt sich bald
und alles fängt an sich wie neu geboren zu regen.

Ein neuer Frühling bedeutet neues Leben.
Man kann spüren und sehen, wie die Natur erwacht.
Ein munteres Suchen und Treiben und Streben,
wo allein schon das Zuschauen Freude macht.

Es ist wie ein bunter Jahrmarkttrubel.
Sieh dort in allen Farben die Felder erblühn.
Flora und Fauna frohlockt, oh welch ein Jubel!
Jetzt wird alles endlich wieder grün.

Es treiben der Pflanzen Knospen vielfach schön,
und schon bald verstärkt sich der Sonne Kraft!
Man wird es ist in Feld, Wald und Wiesen sehen:
es wird Sommer, das hat die Sonne geschafft.

Rasch wird das einst grüne Band verdorrtes Land,
oh diese Hitze schafft Hund, Katze und Maus.
Noch vor Kurzen haben wir das hier „See" genannt,
nun trocknet es bis auf ein paar Pfützen aus.

Das Wasser nimmt ab, doch die Hitze zu,
schon müssen die Pflanzen tiefer bohren.
Die Tiere suchen Wasser, finden keine Ruh.
Sie müssen trinken, sonst sind sie verloren.

Da endlich stauen sich Gewitterwolken auf,
das braucht's jetzt, was die Natur erfrischt.
Dann brechen alle Himmelsschleusen auf
und aller Durst im Fluge erlischt.

Doch auch der schönste Sommer geht zu Ende,
die Blätter der Bäume, sie färben sich bald.
Die Tiere eilen und sammeln behände,
denn vielleicht wird der Winter bitterkalt.

Aber zunächst kommt die Ernte wie jedes Jahr
Und bringt Mensch und Tier reiche Gaben.
Was der Mensch nicht erntet, bleibt für die Tiere da,
so können auch sie Vorrat für den Winter haben,

So singt das Lied der Ernte über die Felder
und die Tiere richten ihre Winterlager ein.
Es glühen so gelb und so golden die Wälder.
Man sagt: dies soll die schönste Jahreszeit sein.

Der erste Frost, der kommt gar schnell,
viele Tiere werden sich in Höhlen vergraben.
Bald färbt der erste Schnee die Landschaft hell,
manche Tiere müssen Angst um ihr Leben haben.

Denn der Boden erstarrt und die Gewässer gefrieren,
große Tiere sind gut gegen Kälte geschützt.
Doch all den kranken und schwachen Tieren
oft nur des Menschen Hand zum Überleben nützt.

Sie werden gerettet und in Sicherheit gebracht.
Wenn dann die kalte Jahreszeit zu Ende geht,
erhellt sich die monatelange Nacht,
das haben Mensch und Tier so sehr erfleht.

Sie erleben es miteinander, Mensch und Tier:
die ersten Sonnenstrahlen brechen das Eis.
Ein fröhliches Treiben dort und hier,
weil jeder ihre Wärme zu schätzen weiß.

So wird die Natur nun neu geboren.
Wieder erblüht alles in strahlendem Licht.
Ihr buntes Treiben hat sie nicht verloren
und auch ihre wunderbare Schönheit nicht.

## Sonne und Mond
(September 1986)

Die Sonne ist ein fixer Stern,
sie scheint im Sommer heiß.
Die ganze Welt hat sie sehr gern,
was jedermann auch weiß.

Im Frühjahr tankt sie neue Kraft,
heizt uns im Sommer kräftig ein,
im Herbst ist sie dann selbst geschafft,
sperrt sich im Winter hinter Wolken ein.

Sie bringt uns bunte Blütenpracht
und nahtlose Bräune dazu.
Sie scheint herab von acht bis acht
und kommt niemals zur Ruh.

Am Morgen geht sie im Osten auf,
am Mittag vom Süden sie blickt.
Am Abend ist sie im Westen gut drauf,
ehe sie sich zur Nacht dann verdrückt.

Schon ist sie verschwunden am Horizont.
Jetzt wird der Wechsel vollbracht.
Sogleich erscheint dann „er" auch prompt:
der Mond! Er begleitet und durch die Nacht.

Der Mond ist viel kleiner als die Erde
und hat doch so viel Macht im Sinn.
Denn Wölfe nachts in ihrer Herde
und Menschen schlafwandelnd ziehen zu ihm hin.

Und er zieht die Wassermassen an.
Er scheint, doch scheint er zur zum Schein.
Die Sonne vielmehr scheint ihn an
und so strahlt der Mond hell und rein.

Und ist er müde dann am Morgen,
dann geht er schlafend unter.
Um uns braucht er sich nicht zu sorgen,
denn schon ist die Sonne wieder munter.

Die Sonne am Tag, der Mond in der Nacht,
stetig „stehen" sie für die Menschen bereit.
Das Sonnenlicht, das uns existierbar macht
und das Mondlicht, das uns nachts erfreut.

Sie geben uns Wärme, geben uns Licht.
So ist es heute und noch in ferner Zeit.
Sie haben das, was viele Menschen nicht:
Treue und Beständigkeit!

## Das Wasser
(September 1986)

Das Wasser keine Balken hat,
das weiß ein jedes Kind.
Mal meerestief, mal über 'm Watt,
wie Tropfen nun mal sind.

Es regnet runter bei Gewittern,
es schneit herab mit Eis und Schnee.
Ein Sturm lässt das Land erzittern
und stört so manchen Frieden jäh.

Das Wasser füllt Teiche, Seen und das Meer.
Mit Wasser strömt ein Fluss bergab.
Wir alle brauchen das Wasser sehr:
es hält uns am Leben und bringt uns auf Trab.

Es stillt den Durst, verdünnt die Speisen,
es tränkt die Pflanzen, Mensch und Tier.
So wissen es alle und nicht nur die Weisen
und beten flehentlich: „Gott erhalte es mir!"

Denn Wasser ist so lebenswichtig,
ohne Wasser würden wir zugrunde gehen.
Wir würden plötzlich klein und nichtig
und alle wie Staub im Winde verwehen.

Und wenn das alles hier so weitergeht,
dann wird es bald kein Wasser mehr geben.
Also lest mal nach, was in den Büchern steht:
ohne Wasser erlischt auf der Erde alles Leben.

Weißt du, wie es dann hier aussehen müsste?
Schau mal nach Süden, was siehst du dort?
Die Sahara, trotz Mittelmeerklima, eine Wüste,
sie zu durchwandern, ohne Wasser, wäre Mord.

Und das kann uns allen wohl passieren.
Du sagst: das Land hier ist doch grün!
Doch Achtung: lassen wir die Gier regieren,
dann wird hier bald nichts mehr erblühn'.

Zwar wird es dann noch Wasser geben.
Doch wer will in dieser Brühe baden?
Und ich sage dir: wollen wir weiterleben,
sollten wir bald Lösungen für dies Dilemma haben.

Ganz ehrlich, immer zu sagen: „Ja! Morgen!
Ab Morgen packen wir das an!
Vertreibt uns sicher nicht diese Sorgen.
Darum fange **ich** schon heute an!

## Der Wald
(Oktober 1986)

Wir gehen durch den Wald in Mondes Schein
und suchen nach Frieden und innerer Ruh.
Für uns soll heute mal Sonntag sein.
Wir machen besinnend die Augen zu.

Der Uhu kreist mit leisen Schwingen
hoch oben über uns und den Bäumen.
Manchmal hörst du ein Käuzchen singen.
Das ist wahrlich eine Nacht zum Träumen.

Der Wind streicht leise durch die Äste,
Fuchs und Hase sagen sich „Gute Nacht".
Wir zwei sind hier und heute nur Gäste
und bewundern, wie er die Tiere glücklich macht.

Die Sterne, sie funkeln vom Himmel so klar,
fast überirdisch, die reinste Idylle ist das.
Doch ganz plötzlich werden wir gewahr,
das irgendetwas hier gar nicht passt.

Wir sehen um uns herum, gar überall,
abgehackte Bäume niederliegen.
Was ist das? Komm wir bleiben am Ball!
Wo ist denn bloß der Wald geblieben.

Der Wald von früher? Den gibt es nicht mehr!
Chemie und Abgase machten ihn kaputt.
Die Industrie sagt nur: „Wir bedauern das sehr.
So glaubt uns doch, wie leid es uns tut."

Doch von Sprüchen können die Bäume nicht leben
und die Tiere verlieren allmählich ihr Heim.
Dies Fleckchen war ihnen von Gottes Hand gegeben
und nun gehen sie durch Menschen Hand ein.

Das kann doch wohl unser Ernst nicht sein.
Wir wissen längst, wir müssen bald was tun.
Nicht nur Greenpeace sollte nach Hilfe schrein'.
Sonst wird bald der Wald für immer ruhn'.

Und wer soll dann die Stickoxyde verwandeln
und als Sauerstoff uns wiedergeben?
Wenn wir weiterhin so den Wald misshandeln,
beenden wir früher oder später unser eigenes Leben.

Die Zeit wird knapp, darum findet neue Wege,
sonst schneiden wir selbst die Luft uns ab.
Denn ohne Rücksicht und werterhaltende Pflege
gehen Wald und Mensch bald ins gleiche Grab!

## Die Weihnachtsgeschichte
(Dezember 1986)

Es ist geschehen vor langer Zeit:
ein Kind ward uns geboren.
Es wurde wahr, was uns prophezeit:
gerettet ward was galt verloren.

Ein einfacher Mann, der Joseph hieß,
er war ein guter Zimmermann,
seine Heimat Nazareth verließ
und mit seiner Frau nach Bethlehem kam.

Maria, sie war so jung und rein
und trug in sich ein neues Leben.
Sie sagt: dies Kindelein, so klein,
ward mir von Gottes' Geist gegeben.

Maria wurde von Gott erkoren
und trug das Kind die weite Reise.
Bald wird es in Bethlehem geboren
auf schöne, wundersame Weise.

Sie kommen schließlich an ihr Ziel
und suchen in der Herberge Quartier.
Der Wirt sagt: „Ich habe nicht mehr viel.
Ist alles belegt, nehmt den Stall doch hier!

Sie richten im Stall ihr Lager sich ein,
für das Kind eine Krippe aus Stroh und Heu.
Am Abend erblickt es des Lichtes Schein,
erstrahlt in göttlichem Glanz so rein und scheu.

Ein einfacher Stall für den eingeborenen Sohn.
Ochs und Esel schauen durchs Fenster herein.
Bald soll er regieren vom göttlichen Thron
und mit ihm wird Gott Vater sein.

Doch noch ist Jesus nur ein Kind.
An diesem Abend wurde vollbracht,
was seit Jahrtausenden war bestimmt
und was die Propheten vorhergesagt.

Schau, dort überm Stall, da steht ein Stern
mit einem Schweif wie Diamant und Rubin.
Man sieht ihn hier und in weiter Fern.
Drei sahen ihn auch und folgten ihm.

Es waren drei Weise aus dem Morgenland,
sie deuteten die Sterne, erkannten das Zeichen.
Ihnen waren der Propheten Worte bekannt.
Darum wollten sie Bethlehem rasch erreichen.

Sie kamen zu huldigen Gottes Sohn,
geboren von Maria, der Jungfrau, so hold.
Sie brachten keine Juwelen, keinen Thron,
edlere Schätze: Weihrauch, Myrrhe und Gold!

Zur gleichen Zeit die Hirten im Feld
saßen beim Feuer in finsterster Nacht.
Ihre Schafe zu schützen, das war ihre Welt.
Sie wussten nichts von dem, was ward vollbracht.

Doch bald erhellte diese dunkle Nacht
tausend Engelscharen aus Gottes Heer
haben den Hirten das Licht gebracht
und dazu diese unglaublich freudige Mär.

Einer schwebte herab in gleißendem Licht,
denn auch die Hirten waren auserkoren.
Er sagte zu ihnen: „Fürchtet Euch nicht!
Denn Gottes Sohn ward heut geboren!"

Die Hirten folgten der Engelschar,
die Schafe und Hunde liefen hinterher.
Sie kamen und sahen, was geschehen war
er ist wahrhaft geboren, der Heiland, der Herr!

Sie sahen in der Krippe Gottes Sohn
und spürten die Wärme an diesem Ort.
Sie huldigten ihm und sprachen von
dem Erlöser der Welt, jetzt und immerfort.

Ganz Bethlehem strahlte im hellen Schein,
kein Mensch würde je diese Nacht vergessen.
Und das Licht strahlt in die Welt hinein,
seine wunderbare Pracht ist nicht zu messen.

Die Engel in Scharen riefen seinen Namen:
„Jesus soll dieses Kindelein heißen."
Das wussten jene, die aus dem Morgenland kamen,
denn die Propheten hatten es so verheißen.

An diesem „Heiligen Abend" war es geschehen.
Die Engel lobten und priesen den Herrn.
Die Hirten haben es selbst gesehen
und drei weise Männer folgten dem Stern.

Und so wird seit 2000 Jahren gepriesen
die „Heilige Nacht" als Christi Kommen.
Als Termin wird auf den 24.12. verwiesen.
Ihn feiern die Heiden wie die Frommen.

So herrsche Frieden in diesen Tagen,
dazu soll Ruhe und Freundschaft sein.
Man soll es laut und deutlich sagen:
lass Christus unser Vorbild sein!

Denn Frieden ist's, was Christus verkündet,
er war wohl ohne Sünde sein ganzes Leben.
Im festen Glauben war sein Wirken gegründet.
Er wollte dem Menschen neues Leben geben.

So geben wir einander die Hand
und lassen wenigstens für heute Frieden sein,
bringen Ruhe und Besinnung in dieses Land
und lassen Liebe in unsere Herzen rein.

Nur so stiften wir Frieden in der Welt
im Kleinen begann es in Bethlehem hier.
Nur deshalb kam Jesus in die Welt
und ist in dieser Nacht bei dir und bei mir!

Du hast es gerade gelesen: es geht bunt und abwechslungsreich zu Beginn meiner lyrischen Gehversuche zu. Man bedenke: im Herbst 1986 war ich gerade mal „zarte" neunzehn Jahre alt.

Wenn ich heute diese Texte zur Hand nehme, die nun schon fünfunddreißig Jahre alt sind, und darin lese, wundere ich mich über die eine oder andere Passage, schlage die Hand vor die Stirn und denke „Junge! Was hast du dir dabei nur gedacht!"

Nun gut: wir haben ja alle mal klein angefangen. Nach diesen ersten Schritten, bei denen ich versucht habe, mit meiner Muttersprache in Vers und Reim meine eigenen Gedanken auszudrücken, habe ich einige „Klassiker" angepackt und für meine Zwecke bzw. mit meinen Worten neu gestaltet.

Und nun: mach Dir einen Eindruck und erfreue Dich an den Versen. Ich rate jedoch zur Vorsicht, denn nicht alles ist zum Lachen, es gibt Passagen zum Weinen oder zum Grübeln und manches Mal ist es einfach „Gänsehaut pur"… wie es eine gute Freundin einmal formuliert hat!

**Alles nur geklaut?!**

## Der Zauberlehrling
(frei nach J. W. Goethe / Dezember 1987)

Hat der alte Hexenmeister
sich doch einmal fortbegeben
und nun sollen seine Geister
heut nach meinem Willen streben.
Ich hole den Besen aus der Ecke
und sag den Spruch des Meisters auf,
hebe und senke des Zaubrers Decke
und befehle erst nur „Besen lauf!"

Doch halt: dir fehlen noch die Beine.
Schnell gezaubert, kein Problem!
Arme hast du auch noch keine?
Schwuppdiwupp, das ging bequem.
So! Nun bist du startbereit
und kannst mir gleich was Leckeres holen.
Lass zum Denken mir noch Zeit.
Doch ach: mir fehlen auch die Kohlen.

So zaubre ich schnell „Geld herbei!".
Nun geht es also richtig los.
Das ist doch wahre Zauberei,
ich fühle mich so mächtig groß.

Drum walle, walle manche Straße,
dass zum Zwecke Bier soll fließen
und im großen Litermaße
zum Getränke sich ergießen.

Sechs Mal lasse ich ihn laufen,
dann hab ich Bier für ein paar Tage.
So Besen! Jetzt kannst du verschnaufen.
Setz dich! Und ich trink auf meine Gaben.
He! Du alter Besen.
Ich sagte: Bier ist nun genug.
Drum „Besen, Besen, seid's gewesen!"
Halt doch still. Ach so' n Betrug!

Nun fallen mir bei allem Stolz
die Zauberworte nicht mehr ein,
mit welchem dieses alte Holz
lässt sofort das Bierholen sein.
So bleib doch stehen, du morsche Krücke.
Das Zauberwort, ach wird mir schlecht.
Welches Elend, welche Tücke:
„So bleib doch stehen, du Teufelsknecht!

Hörst du nicht? Du blödes Stück?
Soll das ganze Haus versaufen?
Ein bisschen Bier reicht mir zum Glück,
drum hör doch endlich auf zu laufen!"

Willst es am Ende gar nicht lassen?
Jetzt habe ich die Schnauze voll!
Ich habe im Schrank noch alle Tassen,
darum treibe es ja nicht zu toll.

Es reicht, jetzt ist es genug für mich.
Ich hol in der Kammer nun das Beil,
schnappe rasch und teile dich
mit einem Schlag geschickt in zwei.
So! Jetzt bist du endlich still.
Gut so! Hab dich gut getroffen!
Doch was sehe ich – Teufelswill,
bin ich schon total besoffen?

Aus den zwei zertrennten Teilen
werden neue Besen nun.
Und erneut ganz schnell sie eilen,
holen Bier her, wollen nicht ruhn.
Ach! Das Bier es quillt heraus.
Was mache ich nur, ich kann nicht mehr.
Meister! Bitte komme nach Haus!
Komm nach Haus und hilf mir Herr.

Und schon kommt der Meister an,
spricht den Zauberspruch rasch aus:
„Besen, Besen, halte an,
Bier ist nun genug im Haus!"

„Siehst du Junge, so geht das.
Ich hoffe, das war eine Lehre dir.
Nun setze dich und gib mir was,
denn jetzt brauche ich erst mal ein Bier.

Eine Sache habe ich zu klagen,
dieser Besen ist voll Tücke.
Er hört nur auf des Meisters Sagen,
diese alte, hölzerne Krücke.

Und die Moral von der Geschicht?
Hört gut zu, das gilt noch heut:
„Erhöhe dich zum Meister nicht,
schon viele Leut haben dies bereut!“

# Caprifischer
(frei nach G. Winkler / November 1988)

Wenn bei Capri die rote Sonne im Meer versinkt
und die ganze Küste schrecklich nach Abfall stinkt.
Ziehn die Fischer mit ihren Booten aufs Meer hinaus
und sie werfen im weiten Bogen die Netze aus.
Darin fangen sie nur noch Müll und ganz viel Dreck,
denn die Fische sind vor Ekel lang schon weg.
Und von Ferne hört man deutlich, wie es klingt,
weil jeder Fischer dies neue Lied schon singt:

„Ja, so ist das Mittelmeer.
Leben gibt es hier schon lange nicht mehr.
Ja, so ist das Mittelmeer,
ausgestorben und leer!"

Wenn im Norden jedes Jahr die Eisschmelze beginnt
und das Wasser voller Gifte vom Fels abrinnt.
Sammeln die Inuit die Müllberge ein
und werfen alles in große Mülltonnen rein.
Denn wer hat schon gerne ein verseuchtes Land,
dieser Dreck im Schnee, das ist doch allerhand.
Oftmals geht was über Bord, so dass es sinkt
und man hört vom Meeresboden wie es klingt:

„Ja, so ist der Ozean,
auch hier fängt schon das Sterben an.
Ja, so ist der Ozean,
auch der ist jetzt dran!"

Wenn die Elbe mal wieder rüber bis Bremen stinkt
und ganz Hamburg bald im Giftnebel versinkt,
Laufen die Menschen ganz entsetzt zum Parlament.
Und protestieren gegen diesen Zustand vehement.
Doch die Industrie, die hat letztlich immer Recht.
Also geht es Mensch und Tieren weiter schlecht.
Jeder Strand unter toten Robben bald versinkt
und auch hier dies eine Lied erklingt:

„Ja, so ist es in Nord- und Ostsee,
die Jauche tut nicht nur den Tieren weh.
Ja, so ist es in Nord- und Ostsee,
auch hier endet alles Leben jäh!"

Hat der Müll irgendwann alle Meere verseucht,
so dass nirgends mehr etwas kreucht noch fleucht.
Ist als nächstes mit Sicherheit das Festland dran.
Und die Luft stellt zur Verseuchung sich auch an.
Dann gibt es nichts mehr, wohin man ausweicht
und wir haben das Schadstofflimit endlich erreicht,
während jeder Mensch dann bald im Dreck ertrinkt
hören wir lauter denn je wie es singt:

„Ja, damals war hier noch alles rein,
man atmete saubere Luft gerne ein.
Ja, damals war hier noch alles rein,
bitte! So sollte es bald wieder sein!"

Doch wenn die Profitgier nicht beendet wird
und der Mensch weiterhin die Natur beschmiert,
kann man von der Schöpfung bald nichts mehr sehn
und dann werden alle Menschen zugrunde gehen.
Denn ohne Natur können wir gar nicht sein,
stirbt die Schöpfung, so gehen auch wir bald ein.
Und der Wind hört sich selbst zu wie es singt,
dieses neue Lied, das dann erklingt:

„Weißt du wie die Erde mal war?
Lebenswert und ganz wunderbar.
Weißt du wie die Erde mal war?
Schön! Für viele tausend Jahr!

## Die Klage
### (frei nach R. McTell / November 1988)

Du klagst so über dies und das
und sagst, dir gehe es schlecht.
Hör gut zu, ich sage dir war:
dazu hast du nur wenig Recht.
Die meisten Menschen sind wie du
und klagen über ihr elendig Leben.
Doch machen vor wahrem Elend die Augen zu.
Sehen nicht, welch Reichtum ihnen ist gegeben.

Man regt sich auf, wenn es mal nicht läuft
und sieht dabei nur die eigene Not.
Anderswo eine Sintflut das Land ersäuft,
dort regieren Elend und Tod.
Es gibt so viel Kummer auf dieser Welt.
Als uns geht es vielen so viel schlechter.
Die haben ihr Unglück nicht bestellt
und sind doch dessen Pächter.

Öffne die Augen und sieh dich mal um,
gib mir die Hand und reise mit mir.
Überall treibt sich der Sensemann herum.
Viel Elend und Tod zeige ich nun dir.
Schau hinein in Londons Straßen
und in viele Straßen dieser Welt.

Das Elend dort kann man kaum fassen,
sieh doch wie es die Menschen quält.
Siehst du da vorne den jungen Mann,
kommt er dir ein wenig traurig vor?
Bei einem Unfall irgendwann
er sein Augenlicht verlor.
Er kann die Sonne nie mehr sehen.
Ist das denn nicht ungerecht?
Er kann nicht ohne Blindenstock gehen
und du sagst mir, es gehe dir schlecht!

Oder dieser kleine Junge hier,
der auf der Straße spielt, er ist ohne Glück.
Er ist viel schlechter dran als wir,
denn niemand bringt seine toten Eltern zurück.
Wer soll denn künftig mit ihm lachen?
Wer wird ihm seine Erfahrung weitergeben?
Wird ihm je wieder etwas richtig Freude machen?
Schau hin! Und du beklagst immer noch dein Leben?

Der Mann dort in der weißen Hose,
hatte einst sein Glück gefunden.
Doch dann zerbrach die zarte Rose,
er hat dies bis heute nicht verwunden.
Wird er jemals wieder von Herzen lieben?
Oder erdrückt ihn eines Tages diese Last?
Das Leben scheint sinnlos, was ist ihm geblieben?
Siehst du denn nicht ein, welches Glück du hast?

Ach? Glaubst du mir noch immer nicht?
Dann schau mal hin, wo ein Dammbruch droht,
wo das Wasser gewaltig die Dämme zerbricht,
bringt es schreckliche Elend und bittere Not.
Und anderswo ist ganzjährig Dürrezeit,
kein Wasser gibt es und kaum ein täglich Brot.
Schau hier und dort, du siehst überall Leid,
soviel Elend und Hunger und Angst und Tod!

Überall auf der Welt herrscht Zwietracht und Krieg,
tausende Unschuldige müssen täglich sterben.
Der Sensemann sammelt so Sieg um Sieg.
Für den Menschen bleibt da nur das Verderben.
Mein lieber Freund du hast nun viel
gesehen, gespürt und wahrhaft erlebt.
Habe ich nun endlich erreicht mein Ziel,
sag mir: spürst du nicht, wie es in dir bebt?

Lass dir sagen, viele Menschen sind so wie du.
Sie dürfen alltäglich im Wohlstand leben
und machen vor allem Elend die Augen zu,
denn ihnen geht's gut, was stört sie anderes Leben?
Denn es ist so bequem, einfach nein zu sagen.
Lass die Welt da draußen doch versinken.
Ich fürchte, irgendwann hört man uns klagen,
wenn wir im eigenen Geld ertrinken.

Mit diesem Geld da könnten wir
viel Elend lindern auf der ganzen Welt.
Darum bitte komm und helfe mir
uns zu befreien von dieser Gier nach Geld.
Und dann mit freiem Geist zu handeln,
um Wege zu finden und umzudenken.
Auf dem Pfad der Wohltätigkeit zu wandeln
und diese Welt in eine bessere Zukunft zu lenken.

## Die schöne Welt
(frei nach L. Armstrong / November 1989)

Hörst du den Regen, spürst du den Wind?
Siehst du die Tiere, so wie sie sind?
Das Rauschen der Flüsse, Meere und Seen?
Da musst du doch sagen: diese Welt ist schön.

Hörst du das Plätschern des Baches im Mai?
Siehst du die Vögel so unendlich frei?
Die Sorgen, die dort im Winde verwehn!
Da musst du doch sagen: diese Welt ist schön.

Hörst du die Nachtigall, wenn sie singt?
Siehst du den Fuchs, dem die Flucht gelingt?
Dem Hetzen der Meute konnte er entgehn!
Da musst du doch sagen: diese Welt ist schön.

Hörst du das Feuer, das im Kamin knisternd brennt?
Siehst du tausend Sterne leuchten am Firmament?
Und siehst du die Sonne dort glutrot untergehn?
Da musst du doch sagen: diese Welt ist schön.

Hörst du das Lachen beim kleinen Kind?
Siehst du, wie es die Menschen durchdringt?
Voller Zuversicht in die Zukunft zu gehen!
Da musst du doch sagen: diese Welt ist schön.

Hörst du das Pochen in deinem Herzen?
Siehst du das Frühlingserwachen im Märzen?
Und den Blinden, der Dank Operation kann sehn?
Da musst du doch sagen: diese Welt ist schön.

Hörst du den schwachen Hund? Auch er bellt!
Siehst du, dass auch der Geringste was zählt?
Voll Hoffnung und Kraft durchs Leben zu gehen,
da musst du doch sagen: diese Welt ist schön.

Hörst du die Freude, wenn sie lautstark erwacht?
Siehst du einen Lichtschein in finsterster Nacht?
Dann wirst du mir endlich zugestehn:
Diese Welt ist wahrhaft wunderschön!

Und kannst du wirklich in Frieden leben,
deinem Nächsten all deine Liebe geben,
so wirst du einst vor deinem Schöpfer stehn
und glücklich sagen: meine Welt war schön!

### Der Schöpfung Ende
(frei nach Alexandra / Februar 1990)

Mein Freund, der Fluss, ist tot!
Ist voll Chemie, ganz schwarz und rot.
Einst war das Wasser in ihm klar,
als der Mensch noch nicht Beherrscher war.
Doch vergangen ist im Fluss alles Leben,
nach höheren Zielen wollen wir streben.
Als Erster musste der Fluss dran glauben,
doch schon bald werden wir allen das Leben rauben.

Mein Freund, der See, ist tot!
Ist voll Uran und Blei und Jod.
Einst konnte man den Boden sehn,
so sauber war er und angenehm.
Doch jetzt ist es für ihn zu spät.
Der Mensch hat tote Saat gesät.
Ich gebe jedem Recht, der darauf tippt
und sagt: „Der See ist umgekippt!"

Mein Freund, das Meer, ist tot!
Mit Dünnsäure kam so manches Boot.
Einst tosten Wellen, Urgewalten,
heut kann man kaum die Algen halten.
Die Robben flehten: „Bitte helf!"
Doch nun ist es schon fünf nach zwölf.

Nach der Nordsee fahren wir im Atlantik fort
und schaffen auch hier den Massenmord!
Mein Freund, der Wald, ist tot!
Er starb im frühen Morgenrot.
Einst war er voller grüner Bäume,
doch heut sind all dies nur noch Träume.
Der letzte von ihnen viel soeben,
jetzt ist's vorbei mit Waldes Leben.
Endlich ist auch das geschafft:
wir haben die Wälder dahin gerafft!

Mein Freund, das Tier, ist tot!
Erstickt im industriell-stinkenden Kot.
Einst war der Lebensraum sauber und rein,
doch dann griff der Mensch rücksichtslos ein.
Der Moloch Müllberg wurde aufgerichtet
und jedes bisschen Lebensraum vernichtet.
Und es blieb kein Plätzchen zum Leben mehr,
darum ist das Dasein der Tiere lange schon her.

Mein Freund, die Luft, ist tot!
Nun senkt sich des Menschen Lebensquot'.
Einst war die Fernsicht ganz enorm,
dann kam der Smog ganz groß in Form.
Kohlenmonoxyd und Feinstaub kamen dazu,
waren mit FCKW und Asbest per Du.
Dadurch wurde das Ozonloch wahrhaft perfekt
und klingt dann so schön: Treibhauseffekt!

Mein Freund, der Mensch, ist tot!
Er brachte seine Welt selbst aus dem Lot.
Weil er die Gefahren nie hat abgewägt,
er sich am Ende den Ast selbst abgesägt.
Jetzt ist es real. Einst waren's nur Horror-Gedichte:
die Menschheit ist ab jetzt nur noch Geschichte.
Darum sitze ich Schöpfer nun ratlos herum
und schaue nach einer neuen Welt mich um.

Denn mein Freund, die Erde, ist tot!
Der „blaue Planet" spürt nie mehr eine Not.
Jetzt geht es ihm so wie dem Mond,
wo der Tod schon seit jeher wohnt.
Auf Erden hat zu lange der Mensch verkehrt
und rücksichtslos meine Schöpfung zerstört.
Ich wende mich ab von diesem Graus,
denn mit der Erde ist's nun leider aus!

## Der Abschied
(frei nach J. Brel / Oktober 1990)

So leb nun wohl, mein lieber Freund,
meine Zeit läuft leider bald schon ab.
Ich hab so vieles wohl versäumt
und viel zu früh wartet nun mein Grab.
Ich kenne dich schon von ganz klein auf,
gemeinsam haben wir so viel gesehen.
Nun nahm das Schicksal seinen Lauf
und ich muss bald für immer gehen.

Sieh nur: mein Leben liegt in Scherben,
ich hab doch fast alles falsch gemacht.
Dafür muss ich zu recht nun sterben
und in mich kehrt die dunkle Nacht.
Ich sehe die Vögel am Himmel kreisen.
All das Schöne wird mir plötzlich so klar.
Erst jetzt sehe ich mit den Augen der Weisen,
darum denke an mich und ich bin da.

So leb auch wohl mein liebster Pa,
ich weiß, du wolltest für mich nur das Beste.
Ganz ehrlich, du warst immer für mich da
und wir feierten viele schöne Feste.
Ich war all die Jahre dein ein und alles.
Du lehrtest mich Recht und Unrecht zu trennen,

damit eines Tages im Falle des Falles,
ich einen Bösewicht rechtzeitig würde erkennen.
Doch all das hatte ich zu schnell vergessen,
denn ich gelangte auf die schiefe Bahn.
Dann wurde ich von Drogen wie besessen
und damit fing das Elend erst an.
Ich brauchte viel Geld und holte es mir
durch Raub, Gewalt und auch durch Mord.
Nun bin ich in Gedanken sicher bei dir,
ruf meinen Namen und ich bin dort.

Nun lebe wohl, meine liebste Michelle,
du warst für mich das größte Glück.
Oft war ich durchgeknallt ganz schnell,
doch du holtest mich auf den Boden zurück.
Du wolltest mir die schönsten Seiten
des Lebens immer aufs Neue zeigen.
Doch ich ließ mich wieder vom Teufel verleiten
und musste zu oft vor ihm mich beugen.

Ich habe auch dir viel Leid angetan,
was niemals mehr gutzumachen ist.
Doch in diesem Moment kommt's mir darauf an,
dass du mich bitte nicht vergisst.
Für Reue ist es nun fast zu spät,
trotzdem bitte ich um Vergebung dich.
Wenn gleich mein Schöpfer vor mir steht,
so verzeihe mir und denk an mich.

Wir alle hatten Freude und ganz viel Spaß,
wir hatten Zeiten voller Sonnenschein.
Wir liebten das Leben in vollem Maß,
bei guter Musik und gutem Wein.
Wir wollten nach den Sternen greifen
nach vorne und niemals zurück nur schauen,
immer höher durch die Lüfte schweifen
und auf eine gemeinsame Zukunft bauen.

Doch diese Zukunft gibt es nicht,
noch heute ist es aus und vorbei.
Darum betet alle nun für mich,
denn dann bin ich für immer frei.
Ich höre sie kommen, sie bereiten mir Schmerzen
und werden mir dann den Gnadenschuss geben.
Bitte haltet mich fest in euren Herzen,
dann werde ich in euch auf ewig leben.

### Die Front
(frei nach C. d. Burgh / November 1990)

Ich stehe hier am Bahnhof und warte auf den Zug.
Er bringt mich zur Grenze, wo traurig ich hin guck.
Ich sehe viele Menschen, die sich trennen nun
und auch wir müssen wohl den Schritt jetzt tun.

Da kommen die Soldaten, verwundet von der Front,
so sehe ich vor Augen, was auch auf mich zukommt.
Es macht mir Angst, ich sage nur, da sieh mein Kind,
wohin es führt, wenn Menschen sich uneinig sind.

Das ist nun der Abschied, ich hoffe nicht für lang,
will dich bald schon wiedersehn, so fang zu beten an
und umarme mich ein letztes Mal, dann steig ich ein.
Du bleibst zurück und musst wiedermal alleine sein.

Du weißt, es bricht mir das Herz,
dich jetzt allein zu lassen.
Unendlich groß ist mein Schmerz,
kann ihn nicht in Worte fassen.
Doch mein Land ruft mich nun,
muss bekämpfen, die ich nicht mal seh.
Ich weiß genau, du wirst es tun:
für mich beten und der Schmerz tut nicht so weh.

Jetzt rollt der Zug ruckend und schnaubend an,
ich sag dir 'Auf Wiedersehen', ich bleibe dein Mann.
Die Türen schließen sich mit erschütterndem Krach
und du läufst dem Zug bis zum Bahnhofsende nach.

Es geht übers Land, habe Tränen in den Augen.
Ich frage mich, wozu soll dieser Krieg wohl taugen?
Wir kommen zur Front und im Geiste sehe ich dich.
Höre Bombenlärm und weiß, du denkst an mich!

Wir müssen vorbei an den Grenzposten gehn,
zwei Jungen in Soldatenuniform sehe ich dort stehn.
Sie sind noch so jung und können nicht begreifen,
dass Menschen mit Kriegen wollen Gutes erreichen.

Du weißt, es bricht mir das Herz,
denn auch ich verstehe es nicht.
Unendlich groß ist der Schmerz,
den auch dieser Krieg verspricht.
Ich versuche diese Zeit zu überwinden,
hoffe, dass alle Krieger bald verschwinden,
bete, dass du auf mich wartest, mein Kind
bis eines Tages alle Kriege beendet sind!

Und wieder ist ein Kapitel niedergeschrieben. Im Rückblick wundere ich mich ein wenig darüber, dass es seinerzeit nur sieben Gedichte geworden sind. Ich hatte doch viel mehr Ideen, bekannte Lieder neu zu interpretieren und in Versform zu schreiben?!

Aber bei näherer Betrachtung und beim Durchblättern meiner Gedichte fällt mir auf, dass ich in den gut drei Jahren, wo ich diese Liedtexte neu gedichtet habe, noch weitere acht öffentliche und annährend zehn Auftragsgedichte schrieb. Damit relativiert sich diese magere Ausbeute!

Doch nun zu einem ganz anderen Thema. Ich bin nicht übermäßig religiös. Ohne Zweifel: ich habe meinen Glauben. Auch wenn der von den Vorstellungen meiner Eltern und Großeltern – Gott hab sie selig – deutlich abweicht. Aber das ist halt, im wahrsten Sinne des Wortes, eine Glaubensfrage. Von Sommer 1988 bis Ende 1991 habe ich eine Reihe von Gedichten geschrieben, die sich mit „Glaube" und „Hoffnung" auseinandersetzten. Ich habe mich oft damit beschäftigt. Die Ergebnisse meiner reimenden Überlegungen waren teils heiter, teils melancholisch, mal mit einem Hauch Religiosität und mal schlicht mit der zwischen den Zeilen gestellten Frage 'Warum lernen mir nichts dazu'.

Aber bitte lies es selbst!

40

# Hoffnungen

## Wer?
(Juli 1988)

Wer ist immer und überall
zur Stelle, wenn man sie ruft?
Wer ist auch auf jeden Fall
da, wenn man sie sucht?
Wer sieht dir an dein Leid
genau wie die Mutter es tut?
Und wer ist allzeit bereit,
weil sie niemals ruht?

Wer weiß so viel zu erzählen
aus der guten alten Zeit?
Wer muss sich oftmals quälen,
heiter zu sein trotz großem Leid?
Wer hat immer einen guten Rat,
wenn im Haus Not am Manne ist?
Wer ist's, der wahrhaft Weisheit hat
und seine Lieben nicht vergisst?

Wer hatte wohl so manches Mal
schlimme Schmerzen zu ertragen?
Wer sah wohl oft schon Berg und Tal
in den vielen Lebensjahren?

Wer wurde vom Schicksal heimgesucht
und hat oft sein Haupt geneigt?
Wer hat dennoch nie geflucht
und Kraft und Stärke gezeigt?
Wer ist's, der manchmal nicht versteht,
was macht denn da das Kind?
Wer so genau doch weiß: es vergeht
die Jugendzeit geschwind?
Wer, der weiß, was Arbeit ist
und hilft doch gerne mit?
Wer, der' s Ausruhen oft vergisst,
denn die Arbeit hält sie fit!

Wer ist's, der in all den Jahren
keinen Lohn erhält?
Wer darf so oft erfahren:
Liebe ist das schönste Entgelt!
Wer? Das sollte jetzt jeder wissen
beschert uns denn so viel Glück?
Wen will denn wohl keiner missen?
Es ist die Oma – unser aller bestes Stück!

## Herr gib
(Februar 1989)

Herr gib uns Kraft zum Leben
und gib uns Kraft zu geben.
Herr gib uns Zuversicht!
Herr lass uns stetig teilen,
lass unsere Herzen heilen.
Herr verlass uns nicht!

Herr zeig uns deinen Willen
im Rausch wie auch im Stillen.
Herr zeig uns deinen Weg!
Herr nimm von uns die Kriege
und nimm dem Tod die Siege
und führ uns auf sich'rem Steg!

Herr teile mit uns dein Brot,
so lindern wir alle Not
und können Frieden finden.
Herr teile nicht die Welt
und teile nie, was hält.
Teile nur, um zu verbinden!

Herr nimm uns unsere Schuld,
nimm Hast und gib Geduld.
Herr nimm uns unsere Sorgen!
Herr zeig uns weises Denken,
wie wir das Leben sinnvoll lenken,
zeig uns ein besseres Morgen.

Herr lass uns nicht mehr leiden,
lass uns Hass und Missgunst meiden,
lass uns die Liebe nie mehr rauben!
Herr gib, dass wir zu dir schauen,
dass wir dir und einander trauen,
Herr gib uns deinen Glauben!

### Der Weg ins Licht
(August 1989)

Ich sitze hier und denk zurück:
wovon hab ich einst geträumt?
Erinnere mich mit müdem Blick:
so Vieles habe ich versäumt!
Schon als kleiner Junge träumte ich
von einer besseren Welt.
Doch nur vom Träumen wird doch nichts
auf die Beine gestellt!

Von Anfang an war meine Welt
nicht so, wie ich sie mir erdacht.
Hab zwar vieles auf den Kopf gestellt,
doch überall fand ich nur Nacht.
Die Schatten ließen mir kein Licht,
ich konnte mich nie voll entfalten.
'Das Böse wird siegen, das Gute nicht!'
So sagen es die weisen Alten.

Und dennoch wollte ich' s allen zeigen,
was ich weiß und was ich kann.
Mein Haupt wollte ich nie beugen
und stark sein wie ein Mann.
Doch immer wieder musste ich sehen,
dass weltweit viele Menschen sind,
die die Braven und Ehrlichen hintergehen
und ausnutzen wie ein naives Kind.

Die Wölfe wollten meine Seele haben,
als Schaf lebt man nicht lang auf Erde.
Also habe ich all meine Träume begraben,
um mit den Wölfen gleich zu werden.
Zuerst musste ich mich zwingen,
es mahnte mich das schlechte Gewissen.
Doch wie bei allen guten Dingen,
war auch dies sehr bald verschlissen.

Danach erfüllte ich mir Jahr für Jahr,
das, was ich allzu lang entbehrte.
Auf Kosten der Schwachen, das ist doch klar,
weil keiner von denen sich je wehrte.
Aber eines Tages gab ich kurz Acht,
ganz plötzlich war da ein Augenblick,
wo kein Flehen mir noch Kummer macht',
erschrocken zuckte ich zurück.

In diesem wichtigsten Moment meines Lebens
entschied ich in Ruhe und ohne Hast.
Meine Wahl war richtig und nicht vergebens,
denn von meiner Seele fiel eine tonnenschwere Last.
Dann atmete ich tief und war befreit
von allem bösen und schlechten Denken,
von Hass und Gewalt, von Bosheit und Neid
und konnte fortan mein Tun selbst wieder lenken.

Ich habe diese positive Energie
festgehalten für ein besseres Leben.
Denn ich weiß, es zählt: jetzt oder nie,
ich muss diese Kräfte weitergeben.
So kann ich einst meinem Kinde sagen:
du musst dich stets gut vorbereiten,
musst du der Schwachen Last mit tragen,
lass dich von guten Mächten leiten.

Gott wird den rechten Weg dich führen.
So findest du auch durch finsterste Nacht.
Nie wirst du im Dunkel dich verirren
und die Wölfe haben über dich keine Macht.
Denn das Böse vergeht im hellen Schein
und findet den Weg in deine Seele nicht.
Du wirst an seiner Seite sicher sein
geh mit ihm den Weg ins Licht.

## Die Beichte
(Januar 1990)

Mensch, was ist der arrogant,
dass er dich noch nicht mal grüßt.
Ich hab mich von ihm abgewandt
und hoff, dass er das einmal büßt.
Darum bitte ich dich zu dieser Stund,
dass du, mein Herr, mir dies verzeihst.
So wird die Seele mir gesund,
wenn du deine Nachsicht mir verleihst!

Pass doch auf, wo trittst du hin?
Bist du blind, du Idiot?
Gut, dass ich nicht so ein Tölpel bin,
ach, das tut mir richtig gut.
Darum bitte ich dich zu dieser Stund,
dass du, mein Herr, mir dies verzeihst.
So wird die Seele mir gesund,
wenn du deine Rücksicht mir verleihst!

Was bin ich doch ein toller Hecht.
Erblasst ihr ruhig vor purem Neid.
Weiß alles besser, bin stets im Recht,
ich bin der Größte weit und breit.
Drum bitte ich dich zu dieser Stund,
dass du, mein Herr, mir dies verzeihst.
So wird die Seele mir gesund,
wenn du deine Demut mir verleihst!

Ich denkend Mensch bedenke viel:
wie ist es vorteilhaft für mich?
Verfolge gradlinig mein Ziel
schau nur auf mich und nicht auf dich.
Drum bitte ich dich zu dieser Stund,
dass du, mein Herr, mir dies verzeihst.
So wird die Seele mir gesund,
wenn du deine Weisheit mir verleihst!

Was wollt ihr denn, nichts gibt es hier,
seht zu, dass ihr einen Dümmeren findet.
Ich wollt doch Geld für Schnaps von mir
wobei ihr euch im Mitleid windet.
Drum bitte ich dich zu dieser Stund,
dass du, mein Herr, mir dies verzeihst.
So wird die Seele mir gesund,
denn du deine Liebe mir verleihst!

Das hat doch alles keinen Sinn.
So ein Mist, was soll ich noch hier?
Ich weiß, dass ich am Ende bin,
keine Chance bietet sich mir!
Drum bitte ich dich zu dieser Stund,
dass du, mein Herr, mir dies verzeihst.
So wird die Seele mir gesund,
wenn du deine Hoffnung mir verleihst!

Das ist doch alles gar nicht wahr.
Wunder gibt es längst nicht mehr.
Die gab's vielleicht vor tausend Jahr,
doch das ist viel zu lange her.
Drum bitte ich dich zu dieser Stund,
dass du, mein Herr, mir dies verzeihst.
So wird die Seele mir gesund,
wenn du deinen Glauben mir verleihst!

So handeln und so denken wir,
es ist gemein und hart und schlecht.
So geht es euch, so geht es mir,
doch dazu haben wir kein Recht.

Drum bitte ich dich für unser Leben,
dass du uns wirst zur Seite stehen.
Wir wollen nach Nächstenliebe streben,
um deinen christlichen Weg zu gehen!

## Jesus schläft nicht
(September 1991)

Jesus schläft nicht, Jesus wacht.
Dies kannst du jederzeit verspüren.
Er ist mit uns von acht bis acht,
um sicher uns allzeit zu führen.

Denn gehst du morgens aus dem Haus,
dann ist er sicherlich bei dir.
Auch wenn du denkst, er passt nicht auf,
er schaut auf dich, das glaube mir.

Oft wird dir im Leben Gefahr begegnen
und du denkst 'Lass es an mir vorübergehen!'
Glaub mir, Jesus wird dich segnen,
denn du sollst deine Lieben doch wiedersehen.

Selbst wenn dir ein Abenteuer den Kopf verdreht
und dich die halbe Welt für verrückt erklärt.
Sei gewiss, dass Jesus zu dir steht
und die Verwirklichung deines Traumes gewährt.

Denn bei allen Ängsten bei Tag und bei Nacht
kannst du auf Jesus stets vertrauen.
Denn Jesus schläft nicht, Jesus wacht,
auf ihn kannst du dein Leben lang bauen!

### Das Licht der Welt
(Dezember 1991)

Dunkelheit lag über dem Land.
Es regierte Luzifer, der Engel der Nacht.
Alles Gute von der Erde verschwand.
Satan selbst hatte Tod und Verderben gebracht.

Jahrtausende trieb den Menschen die Gier,
man schreckte auch vor Mord nicht zurück.
Die Mächtigen priesen ihre Güte schier,
doch hinter den Masken wurden sie verrückt.

Eine schreckliche Zeit, die Seelen voller Narben.
Der Teufel regierte mit Schrecken und Tod,
überall hatten die Menschen zu darben,
denn das Elend war ihr tägliches Brot.

Doch dann tauchten Prediger überall auf
und verkündeten, das Reich Gottes sei nah.
Die Menschen aber hörten nicht drauf,
weil ihr Glaube so zerrüttet war.

Männer in weißen Gewändern zogen ins Land.
Immer lauter riefen sie es aus:
Hört ihr Leute, wir machen bekannt,
Gott selbst treibt dem Teufel das Leben aus.

Bald kamen Magier aus dem Morgenland,
sie waren aufgebrochen, um den Heiland zu suchen
und woben durch den Orient ein gläubiges Band,
darum ließ König Herodes sie zu sich rufen.

„Ja. Der König der Juden ist uns verheißen.
Wir folgten bis hierher dem leuchtenden Stern",
ließ Herodes sich erklären von den Weisen,
„wir suchen nach Jesus, unserem Herrn!"

Und dann fanden sie ihn in Bethlehem im Stall.
Und dieses Kind soll nun der neue König sein?
Doch wahrhaft ein gleißendes Licht all überall
wusch ihre Augen und Herzen rein.

Denn plötzlich war es heller Tag,
Jesu Geburt hatte die Dunkelheit besiegt.
Kein Wort diese Freude zu beschreiben vermag,
weil nun Tod und Teufel am Boden liegt.

Auf einmal wird es in allen Herzen warm.
Da war dieses einzigartige Licht,
sie spürten es, klein, groß, reich und arm,
das Licht, das die dunkelste Nacht durchbricht.

So ist aus diesem Freudentag
der Welt ein ewiges Fest entstanden.
Ein Festtag, den Gott selbst uns gab,
mit Weihnachten sie einen Namen fanden.

An diesem Tag gut zweitausend Jahre her,
kam ein neues Licht in unsere Welt.
Die Menschen freuten sich und jubelten sehr.
Es hat das Dunkel in ihren Herzen erhellt.

Weihnachten wird das Fest des Lichts genannt,
an diesen Tagen kam Jesus in unser aller Leben.
Die Geschichte ist uns allen bekannt,
durch Maria und Josef wurde er uns gegeben.

So nennen Weihnachten „Das Fest der Familie" wir.
Die heilige Familie steht uns als Zeugen.
Auch „Das Fest der Freude" heißt es hier,
weil einst der Tod sich Gott musst beugen.

Kann also die heilige Familie als Vorbild dienen?
Dann wäre Weihnachten nicht nur einmal im Jahr.
Versuchen wir es, wir können nur gewinnen!
Mit Herzenswärme ist Weihnachten immer da.

Denn in jeder Familie gibt es Vertrauen.
Man kann seine Freude miteinander teilen.
Man wird in schlechten Zeiten darauf bauen
und schlimme Schmerzen gemeinsam heilen.

Wenn wir uns durchs ganze Jahr vertragen
würde Seelenfrieden uns begleiten.
Wir bräuchten über nichts zu klagen,
darum lasst uns aufhören zu streiten!

Sag hier und dort ein gutes Wort,
zeig Mitgefühl und Toleranz,
Verzeihen statt Schreien heißt der neue Sport
und vertreibt die Kälte und Arroganz.

Darum nehmet euch füreinander Zeit,
verteilt besser Liebe anstatt Hiebe,
verdrängt Neid, Hass und Streit
und sorgt dafür, dass es so bliebe.

Der Mensch ist doch ein Herdentier,
strebt nach Frieden und Versöhnung.
Ich glaube, wir schaffen das heut und hier,
es ist nur eine Sache der Gewöhnung.

Der Grundstein wird an Weihnachten gelegt,
wenn Frieden in den Herzen der Menschen glänzt,
wenn sich etwas in uns allen regt,
das weltweit nach dem Miteinander drängt.

Aber bitte, lasst uns nicht vertauschen
Dinge wie Mitleid und Mitgefühl.
Lasst uns den Alten und Weisen lauschen
und Demut üben im Alltagsgewühl.

Sag: wonach wollen wir alle streben?
Was brachte Jesus in unsere Welt?
Den Auftrag zum Frieden hat er uns gegeben,
wäre schön, wenn jeder sich daran hält.

Darum versuchen wir es immer wieder,
lasst Liebe regieren und nicht das Geld.
Nur so drücken wir alles Elend nieder
und werden endlich zum Licht der Welt.

Denn das soll die Weihnachtsbotschaft sein,
ruft es laut, damit keiner es vergisst:
nur so scheint das Licht in unsere Herzen hinein,
damit jeder Tag Weihnachten ist.

Zunächst gab es einen Blick auf den Mikrokosmos sprich die Familie, die zu allen Zeiten des Lebens wichtig zum Leben und für viele zum Überleben ist.

Wer Familie hat, braucht keine Feinde, sagen andere.

Ich hoffe nur, das die Berufszyniker nicht irgendwann die Oberhand gewinnen in diesem, unseren schönen Lande oder gar weltweit. Denn auch wenn Glaube, Religion, Hoffnung und andere, vermeintlich angestaubte Traditionen unmodern geworden sind und nicht mehr oder nicht mehr so intensiv wie früher gelebt werden, geht es – so finde ich – ganz ohne sie gar nicht bzw. beständig abwärts.

Im vorangegangenen Kapitel hast Du eine Sammlung an mehr oder minder glühenden Glaubensbekenntnissen gelesen. Der eine oder andere vehemente Aufruf zu mehr Menschlichkeit war auch dabei. Das bleibt nicht aus, wenn man sich mit diesem Thema befasst. Beim Nachlesen schüttele ich den Kopf, weil viele Themen von damals immer noch brennen! Und wenn ich sehe oder lese in welche Abgründe die Menschheit driftet...
Im Folgenden geht es um ein Gefühl, das seinen Platz ganz tief in unseren Herzen hat.
Aber bitte: lies es selbst!

## Heimat

### Sonsbeck
(Oktober 1986)

Sonsbeck ist mein Heimatort
solange ich denken kann.
Und ich erzähle gerne immerfort
wie es ist und wie's begann.

Damals ist es hier entstanden
vor schier ewig langer Zeit.
Vor über 800 Jahren hier im Lande
und es steht zum Glück noch heut.

Es gibt hier viele nette Leute
und die Landschaft, die ist toll!
Ich hoffe, dass dies nicht nur heute,
sondern noch in 100 Jahren so sein soll.

Ein Knotenpunkt? Will man gar nicht sein.
Denn erstens wird es dann zu laut
und zweitens ist man dafür zu klein
und sowieso und überhaupt!

Die Hochstraße ist schon genug belebt.
Wie auf der Rennbahn geht's manchmal zu.
Ein Autokorso, das der Asphalt nur so bebt.
In des Dorfes Mitte kommt keiner zur Ruh.

Doch nur zweihundert Meter weiter egal wohin,
das weiß ein jeder weit und breit
und ahnt, warum ich so selig bin:
hier finde ich Ruhe zu aller Zeit.

Es ist hier sehr wohl bekannt,
wenn man die Hochstraße vergisst
und hinaus fährt auf das Land,
da wohl nichts Friedlicheres ist.

In keinem Atlas soll man es missen,
ich sage es laut, damit es jeder hört:
kommt herbei! Ihr sollt es alle wissen,
Sonsbeck ist wahrhaft lebenswert.

Zusammenfassend sag ich Ihnen,
dass Sonsbeck die Note 1 erhält,
denn es hat in allen Disziplinen
absolut Format von Welt!

### Die Perle vom Niederrhein
(Oktober 1991)

Heute sitze ich wieder im Wagen
und fahre durch mein Heimatland:
heißt Niederrhein, ich kann Euch sagen,
die Gegend ist weltweit bekannt.

Aus Übersee kommen Touristen her,
aus Afrika und Asien mitunter.
Seht nur, es werden täglich mehr,
erforschen unsere Heimat rauf und runter.

Und immer häufiger machen sie Halt
in einem Dorf „Sonsbeck" genannt.
Fragt man nach, sagen Jung und Alt:
es ist als „Perle vom Niederrhein" bekannt.

Zu jeder Jahreszeit kommen Menschenscharen,
weil unser Dorf schon immer ein Geheimtipp war.
Die Leute, die „nur" am Niederrhein waren?
Ohne Sonsbeck haben sie das Beste verpasst, na klar.

Denn hier, wo blühender Raps die Felder verschönt,
herrscht zur Blütezeit sein süßlicher Duft.
Wenn der Bauer die Felder mit Gülle verwöhnt,
ist sie besonders gut, die Sonsbecker Luft.

Von der Landwirtschaft ist unser Dorf geprägt,
Schweinemarkt und –brunnen sind allseits beliebt.
Wer daran nur den geringsten Zweifel hegt?
Kann lesen, dass es überall Hausmacherwurst gibt.

Und kommt der Bauer abends heim vom Feld,
kann nach schwerer Arbeit den Feierabend begießen.
Bekommt er einen Anblick, den gibt's nicht für Geld:
er kann den glutroten Sonnenuntergang genießen.

Dem folgt wieder einmal eine sternenklare Nacht
und der Vollmond leuchtet hell am Firmament.
Kein Großstadtlicht den Sternenhimmel verlacht
und diese völlige Ruhe kaum Grenzen kennt.

Ab und zu gibt es dennoch ein furchtbares Getöse,
das ist Tag und Nacht der gleiche Krach.
Liebe Touristen, dann seid bitte nicht böse,
grad sausen die Tommis aus Laarbruch übers Dach.

Wenn der neugierige Tourist mal genauer hinschaut,
kann er manches Sonsbecker Original entdecken,
der oder die mit Sprüchen auf die Kacke haut
und mag manchen Touristen von Herzen necken.

Was es sonst noch rund um Sonsbeck gibt?
Natur pur in Tüschenwald und Sonsbecker Schweiz,
Aussichtsturm am Dürsberg im Naturschutzgebiet,
das mit einer herrlichen Landschaft reizt.

Mein Tipp: steigt den Aussichtsturm einmal rauf,
genießt den Blick bis nach Köln und noch ein Stück,
spätestens dann kommt ein jeder drauf:
in Sonsbecks Natur liegt das wahre Glück.

Wer dann Gerebernuskapelle und Römerturm,
Rathaus, Kastell, Kirchen und Hochstraße gar
den Rücken kehrt, dem wurde das Herz im Sturm
erobert und er kehrt wieder nächstes Jahr!

Denn obwohl oft als Kuhdorf oder Kaff erklärt,
merkt der Tourist, das kann gar nicht sein,
dieses Sonsbeck ist wahrhaft eine Reise wert,
denn hier findet man die Perle vom Niederrhein!

## Niederrhein
(März 1995)

Was liegt der Altrhein bei Xanten so still?
Als ob er uns etwas sagen will!
Die Kopfweiden am Ufer lässt der Wind knarren
und in den Pappeln hört man Vögel scharren.
Majestätisch überragt der Xantener Dom,
Klever Tor, APX und die ganze Region.
So grün und beschaulich, da mag man gern sein:
hier an unserem schönen Niederrhein.

Auf dem Weg nach Kleve hinter Marienbaum
liegt ein Märchenschloss fast wie in einem Traum.
Umgeben vom Burgsee und Moyländer Wald
mit Türmen und Zinnen so ehrwürdig alt.
In Kalkar ist das gotische Rathaus zu sehen,
spazierend durch die schöne Altstadt zu gehen
und in Kleves Schwanenburg und Tiergarten zu sein
lehrt: all das gehört zum schönen Niederrhein.

Im Südkreis Kleve im Zollgrenzgebiet,
wohin manch Städter in urbaner Unrast flieht,
liegt an der Niers: Kevelaer – die Marienstadt,
die nicht nur Basilika und Marienkapelle hat.
Hinter Geldern geht's nach Walbeck zur Spargelzeit,
das ist Hochgenuss und gar nicht so weit.
Vorbei am Altbierdorf Issum bis nach Kamp hinein,
zeigt einen weiteren Flecken schöner Niederrhein.

Der Oermter Berg und das Kloster Kamp
sind über Grenzen bekannt in Stadt und Land.
Die Klosterkirche und –gärten muss man besuchen
und in Stille verweilen zwischen Rosen und Buchen.

Schließlich führt mein Weg nach Sonsbeck zurück,
hier bin ich geboren, hier liegt mein Heimatglück.
Gommansche Mühle und Römerturm, alt und schön
kann man nur hier bewundern und spazieren gehen
zur Gerebernuskapelle und die Sonsbecker Schweiz.
Ein Blick von hier oben zeigt des Niederrheins Reiz.
Jeder weiß, kein Ort kann schöner sein
als Sonsbeck und der herrliche Niederrhein!

## Zauber der Heimat
(September 1995)

Als ich das Licht der Welt erblickte
und meine Mutter mich ins Leben schickte,
wusste ich noch nicht, wie wichtig Heimat ist
und wie schnell man sie anderorts vergisst.

Wo Pappelreihen die Felder säumen,
kann man von Natur nicht einfach nur träumen.
Hier bin ich geboren, am schönen Niederrhein,
hier darf die Welt noch beschaulich sein.

Wo Kopfweiden sich im Winde wiegen
und in den Weiden glückliche Kühe liegen,
da führe ich Gäste gerne über das Land
und mache sie mit meiner Heimat bekannt.

Wo der Rhein gemächlich seines Weges fließt
und manch Städter die gesunde Luft genießt,
wenn im Frühjahr der Niederrhein in Blüte steht,
dann weiß ich genau, wie gut es mir hier geht.

Wo die Felder mit Roggen, Gerste und Weizen,
Mais, Hafer und Raps nicht mit Farben geizen,
Dam- und Niederwild in den Wäldern zuhause ist,
hab ich noch nie die Lichter der Großstadt vermisst.

Wo Fuchs und Hase 'Gute Nacht' sich sagen,
keine Autoschlangen über die Straßen jagen
und der Trecker zum täglichen Verkehr gehört
ist der Lebensraum wahrhaft noch lebenswert.

Wo kleine Bäche und saubere Seen
einladen zum Verweilen oder Spazierengehn,
kann man abschalten von des Alltags Last,
lässt sich nieder und bleibt nicht nur als Gast.

Wo der Herbst das Land eintaucht in Gold,
ist die ländliche Ruhe jedem Wanderer hold.
Er spürt es im Herzen, ihm sagt sein Verstand:
Ich fühle mich wohl im Niederrhein-Land!

Wo die Sterne leuchten am dunklen Firmament,
weil man hier kein grelles Großstadtlicht kennt,
strahlt der Mond und erhellt die finstere Nacht
und hat schon manch Pärchen zusammen gebracht.

Wo der Winter mild und meist schneefrei bleibt
und die Zeitung nur selten von Unfällen schreibt,
da ist die Kindheit glücklich und unbeschwert:
ja! All das ist meine Heimat wert!

Und wenn ich mich mal ins Flugzeug setze
und mit Überschall übern Kontinent hetze,
denke ich an meinen schönen Niederrhein
und möchte gerne schon wieder zuhause sein.

Denn ganz gleich, ob es nun am Nil in Afrika
oder am Mississippi schöner war.
Am schönsten ist es, so muss es auch sein
an unserem schönen Niederrhein.

Nun hab ich von der Welt schon viel gesehen
und kann mir von Herzen eingestehen:
kein Ort hält den Vergleich mit der Heimat aus,
hier bin ich geboren, hier bin ich zuhaus'.

Denn ist die Welt auch noch so schön,
ich will stets die Heimat wiedersehn.
Das nennt man wohl „Zauber-der-Heimat-Glück".
Ich kehre immer wieder zum Niederrhein zurück!

## Heimat
(November 2001)

Da wo meine Wurzeln sind
und wo ich gespielt als Kind,
da möchte ich sehr gern sein:
in Sonsbeck am schönen Niederrhein.

Da wo Gerste und Weizen steht
und der Bauer durch die Rüben geht,
da möchte ich sehr gerne sein:
in Sonsbeck am schönen Niederrhein.

Hier wo im Herbst der Raps erblüht
und bei Nacht man noch alle Sterne sieht,
das ist für mich ein idyllischer Fleck,
darum geh ich nie ganz von Sonsbeck weg.

Hier auf dem Lande bin ich zu Haus
und kenne mich überall von klein auf aus,
das ist für mich ein idyllischer Fleck,
darum gehe ich nie ganz von Sonsbeck weg.

Ich durchwandere manche sanfte Höhen,
kann von der Sonsbecker Schweiz meilenweit sehen.
Die Natur darf hier noch zuhause sein:
kommt! Ich lade Euch nach Sonsbeck ein.

Auf Labbeck, Balberg oder Hamb ein Tusch
und auf Tüschenwald und Winkelschen Busch.
Man sieht Rehe, Wildscheine oder Häschen klein,
darum lade ich jeden gerne nach Sonsbeck ein.

Wenn mich ein Besucher nach Sehenswertem fragt,
habe ich immer wieder spontan nur gesagt:
dazu kann ich Dir keine Daten geben,
Sonsbeck musst Du sehen und erleben!

Denn sowohl Stadtveen als auch Hammerbruch
und auch die Plooheide lohnen einen Besuch.
Du wirst alle Orte als sehenswert beschreiben
und mir zustimmen: hier mag man gerne bleiben!

All dies spricht für dieses schöne Fleckchen Erde,
wo ich mit offenen Armen aufgenommen werde.
Heimat ist in Sonsbeck nicht nur ein Wort,
es ist ein Versprechen an diesem schönen Ort.

In Sonsbeck darf ich so sein wie ich bin,
komme nach langer Reise wieder mal hin,
fühle mich sicher und geborgen dort
in Sonsbeck, mein Herz, mein Heimatort.

Ach ja! Die Heimat! Was oder wo ist Heimat?

Kann man Heimat – so wie ich es geschrieben habe – an einem Ort wie Sonsbeck oder einer Region wie dem Niederrhein festmachen?
Oder ist Heimat viel mehr als das? Ein Lebensgefühl, ein Nachhause-Kommen, dort wo Du willkommen bist. Dort wo Du Dich geborgen und getragen fühlst. Dort wo Du – auch wenn Du Monate oder sogar Jahre fort warst – mit lieben Menschen zusammentriffst und ein Gespräch beginnst, als wäret Ihr erst gestern auseinander gegangen.

Heimat ist für mich vor allen Dingen eine Frage des Herzens. Was sagt mir mein Herz? Wo komme ich her? Wo sind meine Wurzeln? Wo fühle ich mich wohl und was braucht es, damit ich mich wohlfühle?

Nur klitzekleine Dinge: offene Arme, strahlende Augen und ein herzliches Willkommen!

Und es braucht Menschen, mit denen ich herzlich lachen kann. Menschen, mit denen ich seit Jahrzehnten befreundet bin oder die ich mein Leben lang kenne, liebe oder schätze.

Man sagt doch 'Lachen ist gesund!'. Um Lachen und Träumen geht es im nächsten Kapitel. Viel Freude!

70

## Heiterkeiten

### Omas Liebling
(November 1989)

Omas Liebling hat es schwer,
wird er doch bevorzugt sehr
und verteidigt in allen Lebenslagen,
da mag man oft nach Fairness fragen.

Spricht jemand über ihn mal schlecht,
rückt Oma das Ganze gleich zurecht
und dann war es wieder mal so weit,
Oma stand für ihren Liebling bereit.

Auch für manch eine Missetat,
hat Oma die Erklärung rasch parat.
So kann sich ihr Liebling viel erlauben
und erschüttert doch nicht ihren Glauben.

Doch Vorsicht! Bei einem Streit mit ihr
bist du Torero, sie der Stier.
Drum sei gewarnt, treib es nicht zu toll,
denn auch Omas Maß ist einmal voll.

Vielleicht mag sie dich fallenlassen
und jeder möcht dir eins verpassen.
Dann wird dir plötzlich schrecklich klar:
wie schön es als Omas Liebling war!

## Bitte lächeln
(Januar 1992)

Morgens steigst du in den Bus,
weil man doch zur Arbeit muss.
Steht vor dir so ein Riesentyp,
Arme hat der wie ein Polyp.
Der Fahrer merkt, dass er eine Bremse hat
und schon latscht der Riese deine Füße platt.
Den Aufschrei kannst du unterdrücken,
doch siehst du dich schon gehen auf Krücken.
Endlich hat er sich zu dir hinuntergebückt
und ein mürrisches 'Tschuldigung' rausgedrückt.
Dann atme tief, fang bloß nicht an zu hecheln,
nimm es leicht und denk dir: bitte lächeln!

Du kommst in dein Büro hinein,
die Kollegen schauen kleinlaut drein.
Natürlich bist du viel zu spät
und der Chef schon auf kleiner Flamme brät.
Die Kollegen stürmen gleich alle auf dich los,
du denkst bei dir, was mache ich bloß?
Doch zeigst dich gerne jedem hilfsbereit.
Der Chef droht mimisch: gleich ist's soweit,
aber du lässt dich von dem doch nicht beirren
und holst dir nen Kaffee, ohne dich zu genieren.
Jetzt platzt der Chef und fängt an zu hecheln,
du grinst in dich und denkst nur: bitte lächeln!

Nach solch einem stressigen Arbeitstag,
man ein kühles Bier zu schätzen vermag.
Also fährst du nicht gleich mit dem ersten Bus heim,
sondern kehrst noch bei deiner Stammkneipe ein.
Dort triffst du die meisten Kollegen wieder
und bleibst was länger, hockst dich nieder.
Und dann nach mehreren lockeren Stunden,
es gab vielleicht ein Dutzend Runden,
greifst du in die Tasche: deine Geldbörse ist weg.
Der Wirt ballt die Fäuste, oh weh, oh Schreck.
Er wirft dich hinaus und du siehst ihn arg hecheln,
du zuckst nur die Schultern und sagst: bitte lächeln!

Du läufst zur Haltestelle, siehst die Rücklichter noch,
das war der letzte Bus! Ach, ich ahnte es doch!
Rufst ihm nach 'Ihr Idioten, ihr Pflaumen!'
und dann zückst du ihn: den dicken Daumen.
So stehst du an der Straße einige Zeit,
doch es zeigt sich kein Leben weit und breit.
Und dann? Ein Tropfen fällt sachte auf deinen Kopf,
dann öffnet der Himmel die Schleusen, armer Tropf!
Da kommt ein Auto, hält an und du weißt genau:
sie hat dich gesucht, das ist natürlich deine Frau.
Sie übersät dich mit Flüchen und beginnt zu hecheln,
du steigst ein, duckst dich und denkst: bitte lächeln!

Nach gefühlten Stunden seid ihr zuhaus.
Du verlässt müde das Auto und gehst ins Haus.
Da stürmen die Kinder schon auf dich los,
du denkst bei dir 'was wollen die bloß?'.
Die kleinen Monster sind ja bester Laune
und Frauchen auch schon wieder, ich staune.
Der Ärger war dann doch schnell verpufft,
sie machte sich unterwegs schon reichlich Luft.
Doch dann kommt es arg, der Hausdrachen naht,
die liebe Schwiegermutter hält das Nudelholz parat,
will Tacheles reden und beginnt zu hecheln.
Du gehst in Deckung und denkst: bitte lächeln!

So endet schließlich ein ganz toller Tag,
den man gar nicht weiter zu beschreiben vermag.
Denn die heiße Dusche fällt leider aus,
warmes Wasser gibt's nicht mehr im Haus.
Die Stadtwerke hatten eine Info geschickt
bemerkt dein Frauchen etwas geknickt.
Da hilft nur eines: ab in die Falle,
denn auch das Heizöl ist fast alle.
Doch kaum sagst du „Mausi" gute Nacht,
ist das Bett unter euch zusammengekracht.
Jetzt reicht es, jetzt fängst du an zu hecheln
und deine Frau sagt milde: bitte lächeln!

Überlege mal, was heute so alles war,
was dir misslang, was alles geschah.
Musstest nach dem Bier im Regen fast versaufen
und beinahe musstest du den Weg noch laufen.
Die Mutter wartete mit dem Nudelholz auf dich,
um Klartext zu sprechen und zu verteidigen mich.
Und jetzt ist das Bett zusammengekracht,
na das wird doch eine tolle Nacht!
Und fällt dir immer noch nichts auf,
werfe einen Blick auf den Kalender drauf.
Da wird Freitag, der 13. dir ins Auge steche(l)n,
so bleibt dir nur dein Leitspruch: bitte lächeln!

# Die Sterne lügen oder auch nicht
## (April 1993)

Der Steinbock (22.12.-20.01.) ist ein Realist.
Man weiß, dass er meist sachlich ist.
Hat er ein Problem einmal durchschaut,
wird sein ganzer Stolz darauf baut.
Dann denkt er, er wäre selbstbewusst.
Doch wird ihm bald schon selbst bewusst:
„Bei meiner ganzen Perfektion,
da stört so manches doch mich schon!"
Hat er dies erst einmal erkannt,
worin er sich da grad verrannt,
geht er zielstrebig dieses Problem gleich an.
Doch wer weiß, ob er es je lösen kann!

Der Wassermann (21.01.-19.02.) nach Freiheit strebt
und diese sein Leben lang erlebt.
Im Beruf, in der Freizeit und in der Liebe
entdeckt er für sich stets neue Triebe.
Direktheit ist sein Lebenselexier,
denn er lebt heute im Jetzt und im Hier.
Darum handelt er gerne gradlinig spontan.
Dabei kommt es ihm nicht auf Kleinigkeiten an.
Doch geht er keinesfalls über Leichen,
um seine Selbstverwirklichung zu erreichen.
Denn was bei ihm über alles steht,
ist Menschlichkeit, so gut es geht!

Die Fische (20.02.-20.03.) sind sehr leicht verletzlich
und ihre Art ist vollkommen unersetzlich.
Empfindsam wie Fische nun mal sind
verstehen sie sich gerne mit jedermanns Kind.
So müssen sie als Menschenfreund gelten,
denn sie fühlen das Elend in allen Welten
und leiden auch mit den armen Reichen.
Doch wahre Armut lässt sie völlig erweichen.
Wenn einen Fisch das Reisefieber packt,
wird alles andere ganz rasch abgehakt.
Egal sind Studium, Beruf oder dies und das,
denn Reisen, das macht wirklich Spaß!


Der Widder (21.03.-20.04.) ist unternehmenslustig,
das macht ihn mal heiter, aber manchmal frustig.
Sein Tatendurst ist nur schwer zu stillen.
Alles erobert er mit eisernem Willen.
Autos, Drogen, wilde Liebe – alles ausprobieren
und dabei gerne Kopf und Kragen riskieren:
dann ist der Widder ganz in seinem Element,
dann ist er so, wie ihn jeder kennt.
Doch wehe, es geht ihm etwas 'gegen den Strich',
dann wird der Widder auch schon mal widderlich
und setzt für seinen Willen die Hörner ein,
denn es ist ja so schwer, anpassungsfähig zu sein!

Stiere (21.04.-20.05.) sind gelassene Zeitgenossen.
Bei denen wird alles in Ruhe beschlossen.
Hat er auch keine Zeit, er nimmt sie sich.
Manchmal ist seine Ruhe geradezu fürchterlich.
Neben der Ruhe ist die Familie ihm wichtig
und er erklärt kleine Streits gerne rasch als nichtig.
Er versucht zu beruhigen und zu schlichten
und versteht als Realist so manches zu richten.
Mit seiner angeboren geduldigen Art
bleibt er im Streit stierstur und smart.
Doch wehe man reizt ihn im Übermaß,
explodiert er heftig und dann setzt es was!

Der Zwilling (21.05.-21.06.) ist ein lebhafter Typ
mit einem unstillbaren Entdeckertrieb.
Geht keinen Problemen aus dem Weg,
geht zielstrebig aufwärts, abwärts und schräg.
Und fordert man mal seine Phantasie?
Nein! In Verlegenheit bringt man ihn nie!
Er ist kreativ bis in die Spitzen
und lässt tolle Ideen nur so spritzen.
Doch zwei Herzen schlagen in seiner Brust.
Es passiert nicht nur still und unbewusst,
man weiß: er ist mal heiter, mal fast schon kindlich,
mal bleibt er aber zweideutig und unverbindlich!

Der Krebs (22.06.-22.07.) hat ein sehr feines Wesen,
ist nicht einer dieser harten Besen.
Empfindsam? Ja! Und zwar total,
wird jedes böse Wort für ihn zur Qual.
Doch weiß er dies gut zu überwinden,
kann mit seiner Art manches verbinden.
Dort wo etwas an Kleinigkeiten zerbrach
hilft er gerne mit guten Ratschlägen nach.
Phantasiereich vertreibt er böse Gedanken,
zerbricht mit seinen Zangen starre Schranken.
Aber wehe, er kommt selbst in eine Bedrängnis,
dann wird sein zartes Wesen ihm zum Verhängnis!

Der Löwe (23.07.-23.08.) geht positiv durchs Leben.
Ein höheres Gut kann es für ihn nicht geben.
„Jedes Leben ist doch lebenswert!",
wird glaubhaft von ihm gern erklärt.
Er verfolgt seine Ziele mit Beharrlichkeit,
ist auch zum Streitgespräch bereit.
Weiß sich seiner Haut gut zu erwehren
und das Vertrauen in seine Person zu mehren.
Leider trägt er öfter zu dick auf,
überlässt keine Sache so einfach ihren Lauf,
meint sich unbedingt überall einmischen zu müssen
und liegt dabei seinem eigenen Selbst zu Füßen.

Die Jungfrau (24.08.-23.09.) ist sehr anspruchsvoll,
doch treibt sie es manches Mal zu toll.
Sie ist zu jedem Spaß bereit,
geht aber dabei niemals zu weit.
Hat man mal von ihr etwas verlangt,
wird einem dies sicherlich gut gedankt.
Denn zuverlässig ist sie auf jeden Fall,
dies merkt man das eine ums andere Mal.
Aber wehe, man will sie in andere Bahnen lenken
als die, die sie plante? Nicht auszudenken!
Ein lückenloser Ablauf und detailgenaues Leben,
nur das kann ihr wahrhaft Erfüllung geben.

Die Waage (24.09.-23.10.) sich in Selbstspaltung übt,
mal himmelhoch jauchend und mal zu Tode betrübt.
Mal ist sie ein Schöngeist und himmlisch betört,
dass es manchen Mitmenschen ziemlich stört.
Im nächsten Moment aber tödlich betroffen,
hat sich manche Waage schon zu Tode gesoffen.
Und all dies schwankend von Moment zu Moment.
Ist es ein Wunder, was man die Waage nicht kennt?
Doch gibt dies Sternzeichen sich am liebsten normal,
ist freundlich im Reden, kein Wörtchen wirkt schal.
Ist friedvoll und sanft, harmonisch und rein.
Ach könnten Waagen doch ausgeglichener Sein!

Der Skorpion (24.10.-22.11.) ist ein kampflustig' Typ,
der manchen Mitmenschen schon dazu trieb
mit ihm sich zu messen: „Wollen doch mal sehen,
ob dieser Querulant gegen mich kann bestehen."
Und sicher mussten viele dann zugeben,
man mag den Skorpion nicht in Rage erleben.
Voller Leidenschaft zieht er in die Schlacht
und hat im Leben manch Opfer gemacht.
Kompromissbereitschaft kennt er nicht,
woran so manche Freundschaft dann zerbricht.
Denn er hat sein festes Ziel stets vor Augen.
Zu mehr oder weniger wird er niemals taugen!

Das Schützen (23.11.-21.12.) Moralapostel sind,
das weiß so ziemlich jedes Kind.
Richten gerne über Nachbars Missgeschick
und brechen sich dabei das eigene Genick.
Aber allgemein ist der Schütze sensibel,
phantasievoll, weltoffen und niemals penibel.
Zeichnet sich durch seine Kontaktfreudigkeit aus
und hat immer gerne viele Gäste im Haus.
Aber oftmals plagt ihn sein Freiheitsdrang
strebt zu neuen Zielen ein Leben lang.
Er muss reisen, entdecken, sein Wissen mehren,
eine Freundschaft mit ihm wird nie lange währen!

Fazit (22.12. - 21.12.)

Na? Hat sich der Eine oder die Andere erkannt?
Dachte man bei sich: Ist ja allerhand!
Manch Nettes, doch vieles kann ich nicht glauben
und wird mir  auch den Verstand nicht rauben.
Denn ganz gleich, was da steht, ob falsch ob wahr,
ich bin wie ich bin und bleib so – na klar!
Hab mich stets mit meinem Nächsten vertragen.
An mir muss kein Mitmensch je verzagen.
Darum nehmt es nicht persönlich Leute,
das sagen Astrologen gestern wie heute:
Wer weiß schon, was der Himmel verspricht,
denn die Sterne lügen… oder auch nicht!

## Auf den Flügeln der Musik
### (August 1994)

Auf den Flügeln der Musik gleite ich übers Meer
und stelle mir vor, wo ich jetzt gerne wär.
Ich schwebe durch ein tiefes Tal,
ein sanfter Fluss rauscht unter mir.
Ich sehe Urwälder in mannigfaltiger Zahl,
bin mir sicher, das ist der Amazonas hier.
Ich lausche der Musik vom Regenwald:
ein Zwitschern, Rascheln, Pfeifen in Dur und Moll.
Das lässt selbst den härtesten Mann nicht kalt,
denn die Musik des Urwalds ist wunder-voll!

Auf den Flügeln der Musik gleite ich weiter,
höre seltene Klänge, melancholisch und heiter.
Eine grüne Insel im endlosen Meer,
urwüchsig bewaldet und unglaublich schön.
Mit wilden Schluchten, die gefallen mir sehr,
hier würde ich gerne mal wandern gehn.
Jetzt sehe ich Palmen und weißen Sand,
wiegende gebräunte Leiber lassen ein Lied erklingen
und sehe Menschen ausgelassen am Strand,
die fröhlich feiernd ihr 'Aloha' singen.

Auf den Flügeln der Musik gehe ich auf Reisen
und lasse mir von ihr neue Wege weisen.
Ich höre ein Muhen, komme mir vor wie im gestern,
die Weiten des Grand Canyons sah ich noch nie.
Büffelherden, Pferde, Treiber – wie in einem Western
und am Lagerfeuer erklingt das Lied der Prärie.
Tagsüber wurde Staub geschluckt und geschwitzt,
jetzt sitzen sie zusammen bei Bier und Zigarre,
genießen den Abend und lächeln verschmitzt,
lauschen der Harmonika und der Gitarre.

Auf den Flügeln der Musik begebe ich mich fort
und erreiche einen weiteren, großartigen Ort.
Tiefgrüne Wälder, blaue Seen, Mammutbäume,
die Rockies verschneit, so wild und so schön.
Kanada – das Ziel meiner Jugendträume,
kann ich nun vor meinen Augen sehen.
Ich höre das Dröhnen der Karibu-Horden,
fliege über Grönland und das Nordmeer weiter.
Bin nördlich der Highlands ganz oben im Norden,
Menschen singen trotz Kälte ihre Lieder so heiter.

Auf den Flügeln der Musik schwebe ich einmal mehr
einem Ort entgegen. Auch hier komme ich gerne her.
Tiefe Schluchten vom Meer ins Land getragen,
sehe waldreiche Hänge an den tiefblauen Fjorden.
In den stillen Buchten keine Touristen jagen,
hier ist das Land noch nicht verunstaltet worden.
Die Menschen singen den ganzen Tag Lieder,
haben ein Lächeln im Herzen, das ist sehr schön.
Hierher komme ich nochmals im Winter wieder,
um dieses einzigartig schöne Nordlicht zu sehen.

Auf den Flügeln der Musik will ich weiter gehen
und nun gern wieder ferne Länder sehen.
Hinweg über Europa und die Mittelmeerfluten
kommt bald in Sicht der schwarze Kontinent.
Auf tausend Meilen muss ich mich sputen,
weil die Sonne über der Sahara brennt.
Doch nun plätschert der Nil sanft und träge
durch Dschungel, Steppe und Tropenland.
Und ganz gleich wie und wo ich mich hier bewege
überall berauscht es mir Sinne und Verstand.

Auf den Flügeln der Musik lasse ich mich gleiten
zu Kenias Küsten und Tansanias Weiten.
Höre das Rauschen der mächtigen Viktoriafälle.
Der gleichnamige See ist so riesig und still.
Ngorongoro, Kilimandscharo, verweile auf der Stelle
oder komme wieder sooft ich es will.
Da ein Rascheln im Buschwerk, höre gut zu,
Elefanten, Nashörner, Löwen und Pygmäen,
das ist ein aufregend Abenteuer gebe ich zu
und dort kann ich Massai-Krieger tanzen sehen.

Auf den Flügeln der Musik will ich mich bewegen,
trotz der Schönheit hier, ich hab nichts dagegen.
Denn die Wunder Südostasiens sind nicht weit
quer über den Indischen Ozean geht der Flug.
Unter mir liegt die Insel Bali bereit
und zeigt mir Wunder, mehr als genug!
Unzählige Tempel, Orte von Ruhe und Stille,
Tempeltänzerinnen, so zerbrechlich sind sie.
Dieser magische Bann, ich spüre göttlich' Wille,
atme die Atmosphäre, finde neue Energie.

Auf den Flügeln der Musik bereiste ich viel
und nun gelange ich zu meinem letzten Ziel.
Aborigines, Känguruhs und Krokodile,
Ayers Rock, Outbacks und Alice Springs,
Bumerang und Eukalyptuswälder gar viele
Koalas, Sydney, Cairns, oh ja – das bringt's.
Dann noch ein Abstecher über die Tasmansee her
zu einem der letzten Paradiese der Welt:
wilde Wasserfälle und Berge, grüne Inseln im Meer
ein leicht beschwingtes Gefühl hat sich eingestellt.

Auf den Flügeln der Musik bin ich weit geflogen,
es war schier unbeschreiblich schön – ungelogen!
Den Regenwald und die unendliche Prämie,
majestätische Berge und tiefblaue Seen,
Fjorde und Nordlicht, die sah ich noch nie,
oh ja! Unsere Natur ist wahrhaft wunderschön.
Auf den Flügeln der Musik habe ich vernommen
Töne, so sanft, mehr wert als alles Geld.
Nun öffne ich die Augen, bin zurückgekommen
und weiß: es gibt noch Paradiese auf dieser Welt!

## Leise wie der Wind
(Oktober 1994)

Leise wie der Wind an stillen Wintertagen weht,
wie ein sanfter Schauer dir über den Rücken geht,
hör Verdis Gefangenenchor im „Nabucco" singen
bald lässt er dann dramatische Töne erklingen.
Musikkenner stimmen mit mir überein:
berauschender kann sogar kein Frühlingssturm sein.

Wie knisterndes Feuer sind Violinkonzerte von Bach,
sanfte, weiche Töne, zärtlich und ohne Krach,
ebenso Griegs „Mattino", Schumanns „Träumerei"
sind Streicheleinheiten für's Ohr, kein Einerlei.
Musikkenner stimmen mit mir überein:
paradiesischer Frieden kann nicht ruhiger sein.

Wie im unendlichen Meer höre ich Wellen schlagen,
die Bizets „Carmen" ans Ohr mir tragen,
voller Elan und Kraft, unberechenbar
genau wie Orffs „Carmina Burana" geht' s mir nah.
Musikkenner stimmen mit mir überein:
kein Blitz könnte energiegeladener sein.

Ganz sanft, ein Rütteln vor dem großen Beben
kann ich bei Ravels „Bolero" stets neu erleben.
Auch Händels „Messiah" und Wagners „Walküre"
haben eine Kraft wie tausend heilige Schwüre.
Musikkenner stimmen mit mir überein:
kein Vulkanausbruch könnte feuriger sein.

Ganz gleich ob Erde, Feuer, Wasser oder Wind,
egal welche Elemente Deine liebsten sind,
ob bei Chopin, Debussy, Mozart oder Strauss,
Du hörst die Verbundenheit mit den Elementen raus.
Musikkenner stimmen mit mir überein:
Melodischer kann kein Nachtigallengesang sein.

Doch nicht nur die Klassiker sind naturverbunden,
auch die „Moderne" hat diesen Weg gefunden.
Bernsteins „West Side Story", Gershwins „Rhapsody
in Blue", bringen dich nach New York oder New
Orleans im Nu.
Musikkenner stimmen mit mir überein:
Du findest Dich musikalisch herrlich rein.

Dann die Lawine der „modernen" Musik,
Presley, Lennon, Bowie? Finde dein Lieblingsstück
bei Mercury, Knopfler, Stewart oder McTell,
bei Engler, Maffay, Grönemeyer auch sehr schnell,
da stimmen Musikkenner sicher mit mir überein:
gute Musik kann wirklich ganz simpel sein.

Darum egal ob für' s Hirn, die Seele oder das Herz,
ob zur Linderung von Kummer und Schmerz,
ob für die gute Laune und die Leichtigkeit,
Musik ist immer da, außerhalb von Raum und Zeit.

Sie wird mir stets Vergnügen bereiten,
mich an schweren und leichten Tagen begleiten,
sie war meine erste Liebe und wird meine letzte sein,
denn nur die Musik ist wahrhaft und ewiglich rein!

## Die Vogelscheuche
### (Oktober 1995)

Hört mal her, ihr lieben Leute,
ich erzähle euch mein Leben heute.
Es ist eine bewegte, tolle Geschichte,
ihr gestattet, dass ich dichte!

Ich darf jetzt schon seit Jahren
ganz wunderbar erfahren
ein abwechslungsreiches Leben
hat der Bauer mir gegeben!

Er hat mich einst entdeckt,
hat mich aus dem Schlaf erweckt
und statt nutzlos in der Scheune zu liegen,
darf ich mich im Winde biegen.

So stehe ich hier auf einem Bein
auf dem Acker ganz allein.
Und das nun schon seit Jahr und Tag,
doch glaub nicht, dass ich mich beklag!

Na ja – ganz herrlich ist es nicht,
oft peitscht mir Regen ins Gesicht,
dann bin ich pitschnass und benommen,
als Mensch hätt ich die Gripp' bekommen.

Mal brennt die Sonne vom Himmel nieder
mir auf den Strohkopf immer wieder.
Bin wie ein Mensch? Ein Segen – nich!
Sonst hätt ich oft einen Sonnenstich.

Dazu, das muss ich leider sagen,
der Wind an kalten Wintertagen
bläst durch mich durch, dass es mich graut,
nur beim Gedanken krieg ich Gänsehaut.

Und viele Vögel mit Entzücken,
setzen mir einen Flatschen auf den Rücken.
Das sieht nicht wirklich modisch aus,
doch der nächste Regen wäscht es raus.

Soviel zu meinen tristen Tagen,
doch glaubt mir, ich kann wirklich sagen,
bekleidet mit Kittel und ollem Hut,
steh ich hier und mir geht es gut.

Ich stehe zwar stumm und auf einem Bein,
kann mich nie bewegen, bin doch nie allein.
Die Vögel zwitschern, die Sonne scheint,
dieser Tag hat es mit mir gut gemeint.

Ich stehe hier und habe viel Zeit,
da ist ein Gedanke gar nicht weit.
Ich schaue dem Gras beim Wachsen zu
und bin mit jedem Halm per Du.

Natürlich weiß ich lange schon,
ich habe hier die beste Position,
schaue aufs weite Land ganz still
und mach dabei nur was ich will.

Es weht ein Sturm mal übers Land,
dann bieg ich mich, bin sehr gewandt.
Und brennt die Sonne einmal heiß,
dann freue ich mich, denn jeder weiß:

ob Sonnenschein, ob Schnee, ob Regen,
die mein zerzaustes Ich gerne pflegen.
eine Vogelscheuche, das bin ich
und die Jahreszeiten blühen für mich.

Ich stehe hier bei Tag und Nacht
und hab schon so viel mitgemacht.
Und trotzdem sag ich: ich finde es schön
hier wie in Eden' s Garten zu stehn!

Das war – in diesen fünf Kapiteln – eine Sammlung von Gedichten, die ich nach meinem Gefühl jeweils unter ein Leitthema einordnen konnte.

In dem folgenden, sechsten Kapitel findest Du ein Sammelsurium von meinen Gedanken in Vers und Reim, die ich aus meiner Sicht oder von meinem Gefühl her nicht eindeutig in eines der obigen Kapitel einzuordnen vermochte.

Darum geht es nun zeitweise heiter oder melancholisch, manchmal besinnlich oder kritisch, manches Mal aber auch erschütternd zu.

Die zeitliche Spanne bewegt sich vom November 1988 bis zum Dezember 1998 und ist damit mittendrin in meinem lyrischen Schaffen.

Mach Dir bitte einen eigenen Eindruck. Vielleicht würdest Du das eine oder andere Gedicht doch einem der ersten fünf Kapitel zuordnen wollen.
Ich aber habe diese große Sammlung schlicht zusammengefasst, weil man hier – wie ich finde – auch meine sprachliche und gedankliche Weiterentwicklung gut beobachten kann, und mit einem passenden Titel benannt.

# Kleine Schritte

## Meine Insel der Ruhe
(November 1988)

Es ist viel Krieg in unserer Zeit,
es gibt so viel Verderben.
Die Menschenopfer gehen zu weit,
zu viele müssen sterben.
Doch ich finde das bei dir,
wonach ich suche immerzu.
Täglich gibst du Frieden mir,
denn meine Insel der Ruhe bist du!

Es herrscht Verzweiflung in der Welt,
wir scheinen ohnmächtig bei all dem Leid.
Was uns das Schicksal ausgewählt,
dazu sind wir meist nicht bereit.
Doch ich finde das bei dir,
wonach ich suche immerzu.
Täglich schenkst du Glauben mir,
denn meine Insel der Ruhe bist du!

Wir denken so oft, es geht nicht mehr,
weil das Elend kein Ende nimmt.
Es scheint, bald gibt's kein Mitleid mehr,
weil Hass der Liebe Platz einnimmt.
Doch ich finde das bei dir,
wonach ich suche immerzu.
Täglich schenkst du Rücksicht mir,
denn meine Insel der Ruhe bist du!

Und immer öfter nehmen wir
und denken nicht an andrer Not.
In Wohlstand und Überfluss leben wir
und andre haben nicht mal Brot.
Doch ich finde das bei dir,
wonach ich suche immerzu.
Täglich schenkst du Hilfsbereitschaft mir,
denn meine Insel der Ruhe bist du!

Mit Schwermetall und Umweltgiften
verpesten wir Wasser, Luft und Land,
sehen die Zukunft in die Gosse driften,
denn alle Warnungen prallen gegen die Wand.
Doch ich finde das bei dir,
wonach ich suche immerzu.
Täglich schenkst du Bewusstsein mir,
denn meine Insel der Ruhe bist du!

Ausgebombt, verstrahlt, verseucht
ist es vielerorts und in mancher Stadt.
Von uns wird alles Leben verscheucht,
obwohl jeder Mensch davon nur eines hat.
Doch ich finde das bei dir,
wonach ich suche immerzu.
Täglich schenkst du Leben mir,
denn meine Insel der Ruhe bist du!


Eines Tages gibt es keinen Ausweg mehr,
dann schauen alle Menschen auf zu dir.
Sie bitten und beten und flehen so sehr:
ach lieber Gott, wärest du bei mir.
Doch nicht erst dann, sondern jederzeit
hörst du uns Menschenkindern zu.
Bleibst bei uns für immer und allezeit,
denn unsere Insel der Ruhe bist du!

### Der Blick zurück
(Dezember 1988)

Das alte Jahr ist fast vergangen,
fünf vor zwölf und ich warte befangen
und voll Spannung auf das neue Jahr.
Will ich zurück ans alte denken,
so wird es den Magen mir verrenken
wie grausam es gar oftmals war.

Zu Beginn dieses schlimmen Jahres:
ein Nuklearskandal, das war es,
was uns von NUKEM drohte.
In Afrika schon im Februar
ganz Äthiopien starr vor Hitze war,
kein Wasser gab es, noch Brote.

Im März war es die IRA,
die im Frühling aktiv mal wieder war
und brachte Irland Mord und Tod.
Und im April in Laarnaka
eine Flugzeugentführung war
und die Terroristen sahen rot.

Im Mai, der Wonne-Monat-Zeit
waren Seouls Studenten zum Kampfe bereit.
Olympias Vorbote war Gewalt.
Und auch der Juni brachte Verderben,
in der Nordsee Algenpest und Robbensterben.
So ist die Natur bald grau und kalt.

Im Juli war es im Nordsee-Norden:
eine Feuersbrunst wollte Piper Alpha morden.
Und wieder gab es für den Tod den Sieg.
Im August gab es ein Geiseldrama mal,
dazu ein Kälbermastskandal
und die NATO spielte in Remscheid Krieg.

Im September in Übersee ein Hurrikan
mit Namen 'Gilbert' brauste heran
und mähte die Karibik nieder.
Im Oktober starb Franz-Josef Strauß,
Bavaria rief den Tod ihres Kaisers aus
und selbst die BRD sang Trauerlieder.

Zum Jahrestag der Kristallnacht
sprach ein Herr Jenninger unbedacht
und schlimme Erinnerungen wurden wach.
Vor Weihnachten ging des Todes Hauch
durch England, Armenien und Deutschland auch.
Nun stehe ich hier und sehe die Welt danach.

Und so frage ich mich, ob als Gegensatz
das Gute in diesem Jahr auch hatte Platz
neben der Fülle von Elend und Verderben?
Ich blättere gedanklich nochmals durchs Jahr,
überlege, ob genauso viel Positives war
und es einen Ausgleich gab für all die Scherben?

Ich suche in allen Lebensbereichen,
finde ein paar positive Lebenszeichen:
in Sport, Musik und Politik was war.
Im Grand Slam ist Steffi Graf unerreicht,
im Davis Cup zieht Team Boris Becker gleich.
Bei der Box-WM war Mike Tyson der Star.

Bei der Fussball-EM in unserem Lande,
wurden erster die Nachbarn. Die Niederlande
gewannen mit 2:0 gegen die UdSSR.
Beim ESC setzte die Schweiz ein Zeichen,
konnte mit Celine Dion den ersten Platz erreichen
und die Eidgenossen freuten sich sehr.

Schließlich gab es ein Highlight in der Politik,
Benazir Bhutto erreichte einen historischen Sieg:
in Pakistan an die Spitze der Regierung gewählt.
In einem islamischen Staat als erste Frau,
ich erinnere diesen Augenblick ganz genau,
Hoffnung ist, was in diesen Zeiten zählt!

## Silvesterabend
### (Dezember 1990)

Das Jahr geht zu Ende, noch vier Stunden bleiben,
dann ist es Geschichte, um Mitternacht.
So will ich im Stillen kurz verweilen,
denn bald beginnt der Neujahrstag.

Die guten Vorsätze sind gefasst,
doch erst noch das alte Jahr resümieren:
wir haben wiedermal vieles verpasst
und das kann man nicht mehr reparieren.

Wir wollten helfen, doch haben abhängig gemacht,
wollten teilen, doch haben nicht 50-50 gedacht.
Wollten Frieden schaffen, doch oft hat es gekracht,
wollten Licht, doch vielerorts wurde es Nacht.

Gleich ist es soweit, jetzt heißt es besser machen
jeder ruft ein fröhliches „Prosit Neujahr" aus.
Schon höre ich Silvesterböller krachen,
das schlägt doch dem Fass den Boden raus.

Soll man da noch gute Vorsätze benennen,
wenn halb Deutschland alles Erdenkliche macht,
um sich eine farbenfrohe Silvesternacht zu gönnen
werden Millionen verballert und in die Luft gejagt.

Doch das Vergnügen wird nur kurz andauern,
eine halbe Stunde gehen die Böller in die Luft.
Im Nachhinein wird es ein Mancher bedauern:
die Millionen sind für den schönen Schein verpufft.

Stattdessen hätte man einen Scheck schreiben sollen
und diesen gen Süden, z. B. nach Afrika geschickt.
Dann hätten wir aus unseren Töpfen, den vollen,
mal wirklich Gutes entnommen und Arme beglückt.

Doch dafür sind die guten Vorsätze da.
Mit der Durchführung fangen wir dann später an.
Bleibt zu wünschen, das in diesem kommenden Jahr
ein Jeder diese Vorsätze umsetzen kann.

## Mit meinen Augen
(Mai 1991)

Ich sehe die Welt mit meinen Augen
und sehe hier so manche Sachen,
die meiner Meinung nach nichts taugen:
doch was soll ich dagegen machen?

Denke ich an andere Altersstufen,
die ich in meinem Leben schon durchgemacht,
muss ich mir ins Gedächtnis rufen:
ich war nicht immer so aufgebracht!

Denn sähe ich die Welt aus Babys Sicht,
würde es vielleicht mir besser gehen.
Denn ich sähe all dieses Elend nicht,
sähe die Welt nicht vor dem Abgrund stehen.

Ich sähe die Welt nicht so schrecklich wie sie ist,
sähe nicht die Fallen und die Tücken.
Nicht all das Falsche, was in uns allen ist
und ständig sucht nach Gesetzeslücken.

Und dann als Kindergartenkind,
sähe ich, dass ich nicht jeden Willen krieg.
Doch wie wir Kinder nun einmal sind:
mit etwas List Mamas Willen besieg.

Hört, hört, da ist es „etwas List".
Das ist schon da in jungen Jahren.
Und bald – je älter man dann ist –
wird man mit List Erfolg erfahren!

Ich denke weiter, die Zeit als Teen,
da war meine Welt frustüberladen.
Ich dachte, dass ich was Besseres bin,
braucht keinen mehr um Rat zu fragen.

„Du hilfst mir eh nicht", sagte ich dreist.
„Das ist euch doch sowieso egal!"
„Na und? Pech! Leck mich!" und das heißt:
„Ihr könnt mich wirklich alle mal!"

Aber diese Zeit liegt hinter mir,
darf heute amtlich Twen mich nennen!
Und sitze wütend ich nun hier,
denn was ich sehe, lässt mich flennen!

Ich sehe die Welt in Flammen stehen,
600 Ölquellen den Nahen Osten verrauchen.
Das kann ich nur mit Kopfschütteln sehen
wie kuwaitische Feuer in den Himmel fauchen.

In sehe die Welt in Regenmassen ertrinken.
Hunderttausende werden von Wellen überflutet.
Da sollte jeder vor Scham im Boden versinken,
wenn man sieht, wie Bangladesh langsam verblutet.

Ich sehe die Welt sich unter Erdbeben biegen.
Sie bringen Verwüstung, Tod und Verderben.
Ich sehe Kleinasien in Trümmern liegen
und wieder müssen Unschuldige sterben.

Ich sehe die Welt verseucht und zerbombt
von Super-Gau und Golfkrieg-Spielen.
Nun frage ich mich wahrhaft prompt:
muss man da nicht mal nach Einhalt schielen?

Ich sehe die vielen Katastrophen entarten.
Die Natur ermahnt uns 'Ich schlage zurück!'
Nun frage ich, was habe ich zu erwarten?
Gibt es da noch eine Zukunft und Glück?

Denn ich möchte irgendwann mal älter sein.
Sagen wir mal mit 60 oder so
und ganz gleich ob am Amazonas oder Rhein,
lebenswert sollt es bleiben, hier und irgendwo!

Denn meinen Lebensabend möchte ich genießen
und will die Sonne unverfälscht scheinen sehen.
Wenn es regnet soll es bitte nur Wasser gießen
und ich will ohne Schutzanzug spazieren gehen.

Wer weiß: wenn einst die halbe Weltbevölkerung
umherirrt, geschockt vom Krieg und Bombenkrach
oder gemordet wurde und liegt am Boden stumm,
werden dann die Regierenden irgendwann wach?

Aber mal ehrlich: wollen wir so lange warten?
Dann bliebe reell uns kaum noch Zeit.
Wenn es so weitergeht, haben wir schlechte Karten,
dann ist das Ende der Welt nicht mehr weit!

Orkane, Beben, Fluten wollen uns wecken,
die Menschheit säte den Wind, nun erntet sie Sturm.
Wird bald Asche des Menschen Haupt bedecken?
Steckt im Weltensystem so tief schon der Wurm?

Nein! Soweit dürfen wir es nicht kommen lassen!
Ich fange im Kleinen an, denn ich will es wissen.
Ansonsten werden unsere Kinder uns hassen
und sagen: „Ihr habt unsere Welt verschlissen!"

So sehe ich die Welt nun mit meinen Augen
und sehe da so viele Sachen,
die mit etwas Einsatz doch etwas taugen
und auch ich kann dafür einiges machen!

**Der Zeitrausch**
(Januar 1992)

Leise rieselt der Baum,
ausgeträumt ist der Weihnachtstraum.
Und was davon schließlich übrigbleibt,
hat gerade die Müllabfuhr sich einverleibt.

Dieser Vorgang ist ganz rasch vollbracht
und endlich wird es wieder Nacht.
Jetzt, da der Weihnachtsgesang verstummt,
wird sich wieder hinter Masken vermummt.

Zum Jahreswechsel kommt der große Knall,
vergiss rasch das alte Jahr all überall.
Denn die Industrie stellt sich schon auf Ostern um,
das nimmt man keinem Geschäftsmann krumm.

Zwischendurch noch schnell die Karnevalszeit,
seit dem 11.11. stehen die Narren bereit.
Danach muss man sich beeilen beim Buchen,
will man Ostereier im sonnigen Süden suchen.

Auf Ostern folgt Pfingsten und schon ist es Sommer.
Bestimmt wird man bei dem Tempo nicht frommer.
Und rasch kommt die goldene Herbsteszeit
und dann ist Weihnachten auch nicht mehr weit!

So vergeht das Jahr, man glaubt es kaum,
das ist unser aller Achterbahntraum.
Am Ende eines Traumes wacht man erleichtert auf,
aber das hier ist unser Lebens-Lauf!

Oder sollte man ein anderes Wort wohl wagen,
zu diesem Tempo, da kann man sagen:
das hier ist unser Lebens-Rennen!
Ja – ich denke, so kann man es nennen.

So sei zum Schluss ein bisschen geklagt
und nachdenklich in die Runde gefragt:
wenn wir immer fort so weiter rennen müssen,
wie sollen wir dann unser Leben genießen?

## Advent, Advent
(Dezember 1992)

Advent, Advent, die erste Kerze brennt.
Das Leben ist nicht mehr so, wie man es kennt.
Es ist jetzt von einer anderen Art:
die Menschen sind grausam, die Herzen sind hart!

Advent, Advent, die zweite Kerze brennt.
Der Balkan ist nicht mehr so, wie man ihn kennt.
Die Strände sind leer, das Lachen schweigt,
weil jeder seinem Nächsten die Krallen zeigt!

Advent, Advent, die dritte Kerze brennt.
Ostafrika ist nicht mehr so, wie man es kennt.
Man bekämpft sich gegenseitig bis ins Verderben.
Sag: liegt nun der schwarze Kontinent im Sterben?

Advent, Advent, die vierte Kerze brennt.
US-Amerika ist nicht mehr so, wie man es kennt.
Von Kolumbien herüber schwappte der Drogenkrieg
und der Sensemann feiert Sieg um Sieg.

Advent, Advent, der Kranz ist abgebrannt
und plötzlich liegt Stille über dem Land.
Alle Waffen sind nun zum Schweigen bereit,
denn ist wieder einmal Weihnachtszeit.

Advent, Advent, die Waffen am Boden liegen
und für ein paar Tage herrschen Ruhe und Frieden.
Danach wird wieder alles mobilisiert
und sich tödlicher als zuvor attackiert.

Advent, Advent, was sollte dieser Spuk,
Frieden auf Erden gab es lange genug.
Jetzt heißt es kämpfen, um zu überleben
und manch Einer wird wohl sein Leben geben.

Advent, Advent, ein neues Jahr wird beginnen
und wieder werden Millionen von Tränen verrinnen.
Weihnachten war ein Tropfen auf dem heißen Stein.
Hörst du sie klagen: „Und das soll alles sein?"

Advent, Advent, wir wollen alle Kriege verfluchen
und mit ganzem Herzen nach Auswegen suchen.
Denn nur wenn wir einander den Frieden geben,
sichern wir für die Zukunft unser aller Leben!

### Wenn ich sage
(August 1993)

Wenn ich sage, ich glaube an die Liebe,
würdet Ihr mich einen Narren nennen?
Glaubt Ihr denn nur an die Triebe,
ohne den Sinn der Liebe zu erkennen?

An die Liebe zu glauben, heißt Liebe zu geben.
Liebe stets aufs Neue miteinander zu leben.
Vertrauen und Kraft einander zu zeigen
und dem Schicksal niemals sich zu beugen.

Wenn ich sage, ich glaube an Vertrauen,
würdet Ihr mich einen Spinner nennen?
Würdet Ihr gar herab auf mich schauen
oder würdet den Sinn von Vertrauen erkennen?

An Vertrauen zu glauben, heißt Vertrauen zu geben
und heißt nach Treue zueinander zu streben.
Blind zu vertrauen und aufeinander zu bauen,
lässt Dich frohen Mutes in die Zukunft schauen.

Wenn ich sage, ich glaube an den Frieden.
Würdet Ihr mich gar einen Irren nennen
und mich in eine Anstalt abschieben?
Oder würdet Ihr den Sinn von Frieden erkennen?

An Frieden zu glauben, heißt Frieden zu geben,
das heißt miteinander in Frieden zu leben.
Dankbarkeit zeigen und teilen statt raffen,
nur so lässt auf Dauer Frieden sich schaffen.

Wenn ich sage, ich glaube an das Leben.
Würdet Ihr mich dann einen Träumer nennen?
Würdet Ihr mir gar keine Chance geben
oder würdet Ihr den Sinn des Lebens erkennen?

An das Leben zu glauben, heißt Leben zu geben,
heißt mit offenen Herzen in Weisheit zu leben.
Jeden einzelnen Augenblick zu genießen
und so ob der Schönheit des Lebens zu wissen.

### Der alte Mann
(Oktober 1993)

Es war einmal ein alter Mann,
den kannte ich schon jahrelang.
Er erzählte mir viel, nachdem ich gefragt
und eines Tages hat er zu mir gesagt:
„Genieße Dein Leben junger Mann,
denn die Zeit hält auch für dich nicht an!"

Dann erzählte er mir vom großen Krieg,
von manchem, kleinen deutschen Sieg
und von seiner letzten großen Schlacht.
Dort wurde es plötzlich um ihn Nacht.
Und als er wieder zu sich kam,
man ihm jede Hoffnung nahm.

Der Krieg war verloren, der Führer war tot
und überall herrschte große Not.
Ein Granatsplitter hatte seinen Arm zerfetzt
von keinem Arzt heilbar für immer verletzt.
Nach dem Hospital standen die Amis bereit,
jetzt sollte er büßen für seine Nazizeit.

Dabei hatte er immer dagegen gewettert,
hatte die Braunen oft im Nahkampf zerschmettert.
Doch diese Aussagen halfen ihm nicht viel,
denn die Richter hatten ihr festes Ziel:
fünfzehn Jahre Zuchthaus zeichneten ihn sehr,
endlich entlassen wollte er nicht mehr.

Doch der Selbstmordversuch war nicht geglückt,
der Freund, der ihn fand, erklärt ihn für verrückt.
Wirf doch nicht weg dein einziges Leben,
das dir einst von Gott selbst ward gegeben.
So hatte der treue Freund einst zu ihm gesagt.
Daraufhin hat der Mann ihm sein Leid geklagt.

Das ist zum Verzweifeln noch lange kein Grund,
tat der treue Freund dem Manne kund.
Dann gab er ihm ein Lebenselixier,
eine warme Suppe und ein Bier
und erklärte, auf ganz wenig kommt es an
und danach lebte der Mann fortan.

So ging es bald mit ihm bergauf,
das Glück nahm sicher seinen Lauf.
Mit der Frau fürs Leben kamen auch bald Kinder
und in seinem Herzen war nie wieder Winter.
Und so hat er mir dies Rezept gegeben
und gesagt 'So kannst du in Frieden leben!'

Genieße eine Umarmung, wenn sie spontan,
wenn eine gereichte Hand kommt von Herzen an.
Ein offenes Wort sollst du niemals scheuen,
denn Aufrichtigkeit wird dich stets erfreuen.
Auch der ersten Liebe Hochgefühl
verliere nie im Zeitengewühl.

Schau hinein in die schöne Natur,
dort findest du das Leben pur.
Die ersten Sonnenstrahlen im März
erwärmen die Seele und das Herz.
Spüre die reine Luft nach einem Gewitter,
atme sie. Sie ist süß und gar nicht bitter.

Und siehst du die Kinder spielen und lachen,
wie sie die verrücktesten Dinge machen.
Sei wie ein Kind und genieße unbeschwert
und spüre: das Leben ist sehr viel wert!
Hörst du Musik, die dir Gänsehaut bringt,
sinke hinein und spüre wie Leichtigkeit gelingt.

Hast du dann diesen Zustand für dich erreicht,
nimmst du zwar das Leben niemals zu leicht,
doch du kannst vermitteln, was dich erfreut
und hilfst damit wahrhaft verzweifelten Leut.
Sage allen: „Genießt das Leben jeden Augenblick,
denn keiner von ihnen kehrt jemals zurück!"

# Hochwasser
## (Januar 1994)

Die ersten Tropfen fallen leise
auf das ausgedörrte Land.
Legen sich zur Ruh nach langer Reise
in den heißen, trockenen Sand.
Schnell werden sie in Gesellschaft sein,
vom Himmel hoch, da kommen sie her.
Zuerst waren die Tropfen noch sehr fein,
doch zunehmend wird der Regen mehr.
Die Tropfen fallen immer schneller,
der Himmel bricht in Tränen aus.
Es wird immer dunkler anstatt heller
und dann erst fällt es richtig raus.

Es sind acht Tage ins Land gegangen,
es regnet und regnet beständig noch.
Der Himmel ist gar schwarz verhangen
und langsam steigt das Wasser hoch.
Die ersten Wiesen gehen schon baden,
man treibt die Tiere auf höheres Land.
In Kellern steht das Wasser an den Waden
und in Gräben sogar schon bis zum Rand.
Jetzt melden sich Niers, Maas und Rhein
mit steigenden Pegels mächtig zu Wort.
Genauso Saar, Mosel, Neckar und Main
umspülen rasch jeden flussnahen Ort.

Des Himmels Schleusen bleiben weiter offen,
es prasselt herab zur Weihnachtsflut.
Mancher Stadtteil ist jetzt schon versoffen,
doch die Natur scheint noch so voller Wut.
Immer höher die Wassermassen sich sputen,
am Heiligen Abend ganze Landstriche bedecken.
Es werden aus ruhigen Flüssen reißende Fluten,
versetzten die Menschen in Angst und Schrecken.
Weihnachten im Schnee feiern wollten wir.
Doch nun redet man mit weh, ach und falls.
So schaut euch doch um: dort und hier
steht uns das Wasser langsam bis zum Hals.

Halb Koblenz samt Deutschlandeck versinkt,
so wie die Altstädte an Mosel und Rhein.
An den Flüssen der Mensch in Ohnmacht ertrinkt
und spürt 'Ich kann daran nicht unschuldig sein!'
Begradigt wurde manches Flusses Lauf
und schneller der Schiffstransport gemacht.
Heute zahlen wir mit Sicherheit drauf,
das gibt noch manche feuchte Nacht.
Hält sich dieser Höchststand ein paar Tage,
sind die Schäden kaum mehr abzusehen.
Das Hochwasser ist gewiss eine Plage,
aber wie wird es danach Stadt und Mensch ergehen?

Dann sind die Regenfluten endlich vorbei
und die Pegel überall zum Stillstand gekommen.
Was aus den Betroffenen wird ist nicht Einerlei.
Die Regierung hat sich ihrer angenommen.
Denn nun gehen die Wassermassen zurück
und allmählich wird Entwarnung gegeben.
Alle atmen auf, denn welch ein Glück,
nur Sachschaden gab's und kein Menschenleben.
Nun schaut, was zurückbleibt in den Straßen,
in Wiesen, auf Plätzen, in den Häusern gar,
sind Gerümpel, Abfall und Schlamm in Massen,
all der Dreck, der vorher in den Flüssen war.

Die Fluten haben Milliardenschäden gebracht.
Dieses Weihnachtsfest wird wohl keiner vergessen.
Nein, schön war sie nicht, diese Heilige Nacht.
Man hat gefroren und in der Nässe gesessen.
Nun lasst die Schäden uns beheben
und in Zukunft für mehr Sicherheit sorgen.
Jeder liebt seinen Fluss und will dort leben,
das war gestern so und bleibt es auch morgen.
Mit der gesamten Natur im Einklang zu leben,
das ist der beste Vorsatz für das neue Jahr.
Diese Möglichkeit muss es doch geben,
weil dieses Hochwasser nur ein Warnschuss war.

### Die Kinder der neuen Zeit
(Februar 1994)

Wir sind die Kinder der neuen Zeit
zum Aufbruch in die Zukunft bereit.
Wollen das Vergangene mit Verachtung strafen,
nur so können wir wieder ruhiger schlafen.

Unseren Eltern werfen wir vieles vor:
Ach Vater, du warst so ein armer Tor.
Warum hast du die Nazis zugelassen?
Dafür musst du dich doch selber hassen!

Wie konntet ihr „Heil mein Führer" schreien
und so halb Europa dem Tode weihen?
Ward ihr so blind und habt nicht gesehen
wie Sensemanns Flaggen im Winde wehen?

Ich kann es nicht greifen, kriege es nicht hin:
was war nur damals in euren Köpfen drin?
Also bitte Vater, sag mir, oh Mann:
warum habt ihr nichts dagegen getan?

Oh Kinder. Was redet ihr so vermessen?
Ihr habt Bader-Meinhoff und die RAF vergessen!
Die verüben Attentate, bringen an Autos Bomben an
und ihr tut, als gehe euch das alles nichts an.

Und was ist mit Sandoz, Hoesch und Bayer?
Legten die Chemieriesen etwa keine faulen Eier?
Wo war denn da eure Energie und Elan?
Kommt es jetzt nicht auf eure Tatkraft an?

Mach den Fernseher an, schlag die Zeitung auf:
überall auf der Welt gehen Menschen drauf.
Treibhauseffekt, Kohlenmonoxid-Smog
und ein Jeder tut nur seinen Job!

Sag! Wo ist denn hier euer kritisch' Gesicht?
Oder stört euch das ganze Elend nicht?
Habt ihr vor dem Heute die Augen verschlossen
und euch auf die Zukunft eingeschossen?

Stopp! Jetzt hört auf euch zu nerven
und gegenseitig eure Fehler vorzuwerfen.
Auch wenn die Geschichte nicht zu ändern ist,
ist sicher, dass die keiner so schnell vergisst.

Es ist so geschehen, Mahnmale erinnern daran:
dies wurde unterlassen und das nicht getan.
Auch im Heute kannst du sie jederzeit finden,
die schändlichen Unterlassungssünden.

Darum heißt es nun neue Wege zu gehen
und das Hier und Jetzt kritisch zu besehen.
Wir alle müssen unsere Gesinnung ändern
in den armen wie in den reichen Ländern.

Denn die Zukunft ist kein fernes Ziel,
zu viel steht für uns alle auf dem Spiel.
Die Zukunft steht auch nicht in den Sternen,
jetzt müssen wir aus dem Gestern lernen.

Nur dann kann die Menschheit die Erde retten
und die Zukunft befreien von eisernen Ketten,
die wir uns selber angelegt haben,
weil wir einander keine Chance mehr gaben.

Es ist nie zu spät, das Steuer herum zu reißen,
man muss nur wollen, die Zähne zusammenbeißen,
zuhause ausmisten, im eigenen Garten kehren
und dadurch das Unglück und Elend abwehren.

Reden ist Silber, Schweigen ist Gold,
das ist es gewiss nicht, was ihr sollt!
Hände reichen, zupacken, das ist klar,
denn in der nächsten Sekunde ist die Zukunft da.

## Einheit
(November 1994)

Hochglanzkataloge voller schöner Leute,
das ist der Westen, gestern wie heute.
Schnelle Autos, in zwei Stunden von hier nach dort,
die Eltern gehen feiern, die Kinder in den Hort.

Ein Häuschen im Süden, eine Villa am Meer,
Geld zum „drin baden" mögen die Bonzen sehr.
Satin und Brokat, edle Stoffe, feinster Zwirn,
Champus und Kaviar im Bauch, aber nichts im Hirn.

Große Worte, große Reden, alles Schall und Rauch,
blumige Versprechen, doch viel Schwachsinn auch.
Den Blick nach vorne, wer bremst hat keine Chance,
weiter, höher, schneller, Leben wie in Trance.

Die Vergangenheit vergessen, neues Land entdecken
und immer geradeaus, ohne zu erschrecken.
Das Neue ist willkommen, was den Rausch beglückt,
bis eines Tages einer den falschen Knopf gedrückt.

Halt! Ich will älter werden als 35 oder so
und hier mein Leben haben, anstatt irgendwo.
Der blaue Planet soll für immer meine Heimat sein,
das öffnet mir die Augen, ich sehe den Fehler ein.

Denn vier Millionen Arbeitslose haben große Wut,
weil alle nur noch reden, doch keiner etwas tut.
Am 09.11.89 wurde „Wir sind ein Volk" geschrien
und der deutschen Einheit neue Flügel verliehn'.

Perspektive, Hoffnung, das braucht unserem Land,
Füreinander da sein, ein solidarisch Band.
In 5 Minuten hast Du 26 Zeilen gerad gelesen,
das war für 26 Kinder das Lebens End gewesen.

Wir müssen heute anfangen, dagegen was zu tun,
sonst könnten morgen wir schon „in Frieden ruhn".
Hast Du nicht kapiert, das Elend ist so nah,
der Hunger und die Armut, die sind plötzlich da.

Schnell bist Du arbeitslos, futsch ist das warme Nest
und deine Wohlstandswampe dich ganz fix verläßt.
Den sicheren Arbeitsplatz will keiner garantieren,
wird's eng, fliegst du, wird keinen interessieren.

Soziale Sicherheit jedoch kannst du alleine schaffen,
durch teilen und geben, statt gieren und raffen.
Eine helfende Hand überbrückt so manchen Graben
und wer weiß, wann wir selbst diese nötig haben.

Soziales Miteinander bringt einiges ins Reine
Zivilcourage hilft gegen die braunen Schweine.
Wir helfen mit die Karre aus dem Dreck zu ziehen,
statt wie in Bonn in „schöne Worte" nur zu fliehen.

Das ist der Weg, wir können nach fünf langen Jahren
die Bedeutung von „Einheit" endlich ganz erfahren.
Pack mit an und helfe allen zu mehr Glück,
sonst schreien bald die Deppen:
„Gebt uns die Mauer zurück!"

Über fünf Jahre hinweg habe ich immer wieder
einen kritischen, gar sorgenvollen Blick auf das
Zeitgeschehen geworfen.
Nach den wilden Achtzigern, in denen ich groß
geworden bin, kamen für mich die unruhigen
Neunziger und ein unsicherer Blick nach vorne.
Von Mitte bis Ende der neunziger Jahre hatte ich
immer wieder mal einen Anflug von kritischer
Auseinandersetzung mit mir selbst und „den
Anderen".

Jedoch habe ich nicht nur geflucht, sondern auch
geträumt, philosophiert, gehofft und bin immer mit
offenen Augen durchs Leben gegangen.

## Das Streichholz
### (Juni 1995)

Das Streichholz wird entzündet,
es brennt so himmlisch hell.
Seht wie es überwindet
seine Jugendzeit so schnell.
Nur fünf Millimeter auf seinem Holz,
das ist seine ganze Jugendzeit.
Kennt keine Scham noch Stolz
und brennt und brennt noch weit.

So wird auch ein Menschenleben
geboren in diese Welt.
Das Baby wird Freude uns geben,
sein Lachen die Herzen erhellt.
Doch wie schnell wird aus dem Kleinen
ein Teen, ein Twen gar werden.
Man sollt es gar nicht meinen,
so kurz weilt man auf Erden.

Das Streichholz fackelt fröhlich
zu seiner Mitte hin.
Noch ist es heiß und selig
mit Glut und Leben drin.
Am mittleren Stück dieses Holzes
kann sich seine Pracht entfalten.
Die Flamme ist der Grund seines Stolzes,
sie kann Licht und Schatten gestalten.

126

Der Mensch in den mittleren Jahren
ist auf der Höhe seiner Schaffenskraft.
Hat manchen Höhenflug erfahren
und manche Tiefen haben ihn geschafft.
Er weiß, er allein kann es lenken,
gibt seinem Leben den entscheidenden Kick,
kann froh dann ans Altwerden denken
und blickt sehnsuchtsvoll nochmals zurück.

Das Streichholz, es brennt hernieder,
es folgt ein letztes Flammenspiel.
Dann brennt es nie mehr wieder.
Das Streichholz ist am Ziel.
Ein kurzes, feuriges Dasein
bescherte es uns hier im Haus.
Vorbei – es wird nie mehr wahr sein,
denn seine Flamme ist nun aus.

Der Mensch an seinem Lebensabend
will die letzten Jahre genießen.
Will fröhlich erquickend und labend
manch letztes Ereignis begießen.
Und macht er dann die Augen zu
und schläft für immer ein.
Findet er bei Gott seine letzte Ruh,
das ewige Leben wird seine Hoffnung sein.

## Angst
(Mai 1996)

Ein Kribbeln kriecht den Rücken hinauf
vom Kreuz bis zum Nacken schreckliche Schauer.
Ganz plötzlich bin ich nicht mehr gut drauf
und mein Frohsinn trägt bittere Trauer.

Ich kann kein bisschen ruhig sitzen bleiben,
nervös rutsche ich hin, rutsche ich her.
Ich kaue an der Lippe, das kann ich nicht leiden,
trommele mit den Fingern, nerve andere sehr.

Jetzt stehe ich auf und laufe durch den Raum.
Der Kloß im Hals schnürt die Luft mir ab.
Ich stürze und falle, welch düsterer Traum.
Eine unheimliche Macht zieht mich hinab.

Ich werde verfolgt, ich weiß das genau,
doch weit und breit ist kein Mensch zu sehen.
Sie beobachten mich, mein Magen ist flau,
meine Knie erweichen, ich kann nicht mehr stehen.

Und wieder sitze ich auf meinem Bett,
habe einen trockenen Mund und feuchte Hände.
Die Dunkelheit erschlägt mich wie ein Brett,
es bröckelt die Decke, es beben die Wände.

Die Unsicherheit bereitet mir pures Grauen.
Ich suche dich, komm in mein Leben rein.
Erweckst du in mir neues Vertrauen?
Lass ich dich in meine Seele hinein?

Kannst du mir helfen, wo ist dein starker Arm?
Wo ist deine Schulter, die Geborgenheit gibt?
Wird mir bei dir das Herz wieder warm,
so dass meine Seele die Sonne wieder liebt?

Wo bist du? Ach, ich würde alles geben
für eine Zukunft gemeinsam mit dir,
für ein frohes und sorgenfreies Leben,
du mein Schicksal, bitte melde dich bei mir.

### Der Durchbruch
(Juli 1996)

Die Fassade bröckelt, die Mauer bricht,
du kannst es doch sehen, verstehst du mich nicht?
Mein Geist ist willig, doch ich bin so schwach,
mein Unterbewusstsein hält mich stets in Schach.

Ich habe viele Abgründe in die du schaust,
ich hoffe, dass es dir dabei nicht graust.
Hab keine Leichen im Keller und auch keinen Fluch,
doch mein innerstes Ich ist ein Sieben-Siegel-Buch.

Noch niemanden habe ich dorthin geschickt,
kein Mensch hat jemals so tief geblickt.
Nur du hast nun diesen Schritt gewagt,
ich spüre, wie sehr mir dies behagt.

Jetzt weiß ich auch, was dich so störte,
weil ich von dir so viel schon hörte,
hast du nun diesen Weg gewählt,
mich gefordert und ich hab was erzählt.

Ich weiß, du bist auf dem richtigen Weg
und doch: es ist ein sehr schmaler Steg.
Mit all deiner Liebe kannst du mich verstehen
und wirst diesen Weg mit mir zu Ende gehen.

Wir werden die tiefen Wahrheiten finden,
meine schlimmen Zweifel werden verschwinden.
Eine unfaire Tour hatte ich eh nie geplant,
darum hast du mich eigentlich umsonst ermahnt.

Also gib mir nun mutig deine Hand
und folge mir in mein Abenteuerland.
Ich lade dich in meine Seele ein!
Willst du ein Teil meines Lebens sein?

Ich vertraue dir nun und gebe alles preis,
mache alle Dunkelheit in mir strahlend weiß.
Blick in mich hinein, sage was dir wichtig ist
und was du an Ungesagtem noch vermisst.

Ich werde dir schonungslos alles sagen,
du brauchst keinen Tag mehr dich zu beklagen.
Zu dem fernen Ziel mag ich gerne hinschauen
und der Anfang von allen ist echtes Vertrauen.

## Zeit
(September 1997)

Ich halte kurz inne und werde ganz still,
weil ich rasch einmal überlegen will:
Wann habe ich das letzte Mal mich besonnen,
habe Ruhe getankt und so Frieden gewonnen?
Das ist eine ganze Weile her
im Rausch der Zeit – ich weiß es nicht mehr.

Wenn ich mir einmal das Jahr so beseh':
Weihnachten, Ostern und Pfingsten, oh je!
All die Feste voll Frieden fliegen vorbei
und du ergibst dich wieder dem Einerlei.
Du schwimmst mit im Rausch unserer Zeit,
bist allzeit erreichbar und immer bereit.

Du widersetzt dich nicht dem steten Treiben.
Jeder hilft mit, sich gegenseitig aufzureiben.
Die ruhige Zeit hat längst ihre Unschuld verloren,
Hektik und Stress werden täglich neu geboren.
Ich befürchte, dass ein jeder mehr und mehr vergisst
was Besinnung bedeutet und was Ruhe ist.

## Gerade noch
(September 1997)

Gerade noch hast du herzlich gelacht,
doch im nächsten Moment hat es gekracht.
Nun liegt auf der Straße ein Berg von Scherben,
ein Tal voller Tränen, ein Mensch musste sterben.

Gerade noch haben wir uns verstanden,
da waren schöne Jahre, die uns verbanden.
Nun sind sie vergessen, denn keiner hat gehört
und böse Worte haben unsere Träume zerstört.

Gerade noch hatten wir ein Haus mit Dach,
dann kam der Sturm und mit lautem Krach
hat er es uns entrissen. Der Schaden ist groß
und wir sind entwurzelt und obdachlos.

Gerade noch habe ich mit Kollegen gesprochen,
doch dann hat einer meine Pläne zerstochen.
Der Chef ließ mich rufen, hat eine Zigarre geraucht
und mir serviert, dass er mich nicht mehr braucht.

Gerade noch war sie gut, meine Welt.
Doch jetzt verweigert die Bank mir mein Geld.
Der Automat gibt meine Karte nicht mehr her
und ich werde behandelt, als ob ich ein Virus wär.

Gerade noch habe ich bitterlich geweint
und geglaubt, dass die Sonne nie mehr scheint.
Doch ich blicke auf, wische weg meine Sorgen:
ich lebe, bin gesund, es gibt immer ein Morgen!

Wir lebten ausgangs des zwanzigsten und leben eingangs des einundzwanzigsten Jahrhunderts. Es war und ist leider bis heute noch: eine unsichere Zeit voller Fragen und voller Ängste, aber auch eine Zeit voller Hoffnungen, das alles besser wird.

Frieden ist ein großes Thema. Der Frieden in der Welt ist natürlich sehr wichtig, aber auch der innere Frieden in jedem Einzelnen ist lebenswichtig.

Jeder kann für sich selbst Inseln der Glückseligkeit oder Momente zeitloser Schönheit oder Augenblicke finden, die ihm oder ihr zeigen, dass alles gut werden kann. Was ich in den vielen Jahren meines Lebens gelernt und behalten habe: Zuversicht und ein achtsames Leben bringen dir die Seelenruhe, die du brauchst, um täglich weiter zu gehen.

# Fragen
(Oktober 1997)

Sind wir kleine Schrauben im großen Getriebe nur?
Ist unser Alltag stets Stress und Hektik pur?
Müssen wir ewig uns durchs Gewimmel winden?
Wo können wir heute noch Ruhe finden?

Werden wir uns künftig immer weiter streiten?
Wird uns der Wille zum Einlenken völlig entgleiten?
Müssen wir ewig kämpfen, wird keiner verschont?
Wo ist nur der Ort, an dem die Liebe wohnt?

Gibt es für uns kein Entrinnen mehr?
Ist unsere Zukunft düster und leer?
Müssen wir ewig uns fürchten und grauen?
Wo nur finden wir Frieden und Vertrauen?

Soviel Ungewissheit, so viele Fragen,
kein Mensch kann dir die Antworten sagen.
Den Weg zueinander müssen wir selber finden.
Was ist es, dass uns kann auf ewig verbinden?

Würde ich alle Antworten auf diese Fragen kennen,
würde man mich dann vielleicht weise nennen.
Doch Garantien könnte selbst ich nicht geben,
denn nur Du findest den Weg für Dein Leben.

## Man sagt
(Oktober 1997)

Man sagt: dieser Mann ist wirklich arm dran,
weil er nie das Licht der Welt erblicken kann.
Er sieht das Blaue des Himmels nicht
und auch nicht das grelle Sonnenlicht.
Er sieht nicht, wie der Wind die Bäume biegt
und nicht, wie die Mutter ihr Baby wiegt.
Kann leuchtende Kinderaugen nicht sehen
und nicht gefahrlos ohne Blindenstock gehen.

Doch geht es ihm darum etwa schlechter?
Was das Schicksal zu ihm etwa ungerechter?
Er sieht nie die Bilder von Krieg und von Tod
und auch keine Filme von Seuchen und Not.
Er sieht nie die Habgier und dessen Verderben,
sieht niemals kleine Kinder vor Hunger sterben.
Ist er nicht viel reicher? Keine Bilder, die schmerzen,
er ist zwar blind, doch er sieht mit dem Herzen!

Man sagt: diese Frau ist wirklich arm dran,
weil sie die Töne der Welt nicht empfangen kann.
Sie hört nicht den Gesang der Nachtigall
und nicht das Vogelgezwitscher überall.
Sie hört nicht den Wind, der in den Wipfeln rauscht
und hat noch nie Ebbe und Flut gelauscht.
Auch das Lachen der Kinder vernimmt sie nicht,
weil kein Ton jemals ihre Stille durchbricht.

Doch geht es ihr darum etwa schlechter?
War das Schicksal zu ihr etwa ungerechter?
Sie hört nie den Lärm, wenn Menschen sich streiten,
wenn sie mit bösen Worten sich Schmerzen bereiten.
Sie hört keine Bomben, kein panikartiges Laufen,
kein Seufzen und auch kein ängstlich Verschnaufen.
Sie ist viel reicher, keine Schreie, die schmerzen,
sie ist zwar taub, doch sie hört mit dem Herzen!

Man sagt, dieses Kind ist wirklich arm dran,
weil es mit der Welt nicht reden kann.
Keiner hört dem Kind zu, wenn es spricht,
denn Worte sagen kann es nicht.
Es sagt kein 'bitte', kein 'ja' oder 'nein',
sagt nie „Ich liebe dich" oder „Lass es sein!"
Es ist so alleine, denn weit und breit,
stört sich kein Mensch daran, wenn es schreit.

Doch geht es dem Kind darum etwa schlechter?
War das Schicksal auch hier etwa ungerechter?
Es kann nicht fluchen und nicht hetzen,
kann niemanden mit Worten verletzen.
Über die Lippen kommt kein „Ich hasse dich",
auch Gemeinheiten sagt dies Kind sicher nicht.
Es ist so viel reicher, keine Worte, die schmerzen,
das Kind ist stumm,
doch es spricht mit dem Herzen!

Was ist so Besonderes an vermeintlich Gesunden,
sie streiten sich und haben keine Mittel gefunden,
um sich mit Worten oder Blicken zu verstehen
anstatt Mord an der Seele des Nächsten zu begehen.
Sie wollen nichts sehen und schon gar nicht hören,
am liebsten würden sie sich um keinen stören.
Wenn da ein Blinder, Stummer, Tauber ist,
können sie nicht verstehen, dass der nichts vermisst.

Wieso soll gerade der mich besser verstehen?
Der kann mir ja nicht mal in die Augen sehen!
Wieso soll gerade der wissen, was wir denken?
Der kann uns ja nicht mal sein Gehör nur schenken!
Wieso soll gerade der mir klarmachen: sprich es aus?
Der kriegt doch selbst kein einziges Wörtchen raus!
Ach Leute, denkt nach! So kann das nichts werden,
denn so regiert weiter die Dummheit auf Erden!

## Allerheiligen
(November 1997)

Die Dämmerung breitet ihren Mantel aus,
die ersten Sterne erscheinen am Himmelszelt.
Der Nebel steigt aus den Wiesen herauf.
So friedlich ist heute Nacht diese Welt.
Durch die hohen Wipfel streicht der Wind
und weht eisige Kälte heran aus dem Norden.
Das geht jetzt zügig und ganz geschwind
wird es nachts frieren, vielleicht schon Morgen.

Heute sind wir bei den Gräbern gewesen.
Es war in den frühen Abendstunden.
Man konnte es von den Gruften lesen,
jeder hat seine Lieben wiedergefunden
und mit Gestecken und Blumen bedacht,
mit Eriken, Violen und Tannenzweigen
die Gräber schön und frisch gemacht,
um den lieben Toten ein Andenken zu erweisen.

In diesem Dämmerlicht kann man gut sehen
wie viele Grablichter das Dunkel erhellen.
Und wie viele Menschen über den Friedhof gehen,
um sich wie jedes Jahr zu den Lieben zu gesellen.
Einmal im Jahr ist der Besuch hier Programm,
so verlangen es „die Leute" und das Gewissen.
Als sie noch lebten, war es herzlich und warm,
doch von den Toten will keiner mehr etwas wissen.

139

## Stille Nacht
(Dezember 1997)

Sauge diese Magie in dein Herz,
sie löscht allen Kummer, tilgt allen Schmerz.
Schließe die Augen, höre gut zu:
stille Nacht und himmlische Ruh.
In dunkelster Nacht braucht es nur ein Licht,
das mit seinem Schein die Düsternis bricht.
Ein Meer von Lichtern im Kerzenschein,
macht deine Seele klar und rein.

Es herrscht Frieden in dieser einen Nacht,
den hat uns das Christkind mitgebracht.
Diesen Frieden erhalten, das können wir,
denn es beginnt im Kleinen bei dir und mir.
Wenn wir zur Versöhnung Hände uns reichen,
mit warmem Lächeln ein kaltes Herz erweichen.
Wenn dich Arme umschließen, um dich zu halten,
dann kann man miteinander Frieden gestalten.

Also gib mir die Hand und schlag meine nicht aus.
Dann machen wir da den Friedensgruß draus.
So wird in dieser hochheiligen Nacht
per Handschlag ein bisschen Frieden gemacht.
Und wenn ich das Gefühl im Herzen bewahr',
dann verstehe ich den Sinn für das ganze Jahr.
Aufeinander zugehen, das ist der richtige Schritt,
also gib mir deine Hand und mach einfach mit!

## Dein Freund
(Dezember 1997)

Wenn du ganz schläfrig den Morgen begrüßt
und mit einem Lied dir das Aufstehen versüßt,
dann wartet vor deinem Bett schon dein Freund!
Weißt du, wen der Dichter wohl meint?

Wenn du dich dann in die Küche schleppst,
dich mit starkem Kaffee aus der Trance weckst,
dann stupst dich mit feuchter Nase dein Freund!
Weißt du, wen der Dichter wohl meint?

Wenn du dich dann auf dein Fahrrad schwingst
und vom Bäcker Brötchen und die Zeitung bringst,
dann hechelt neben dir her dein Freund!
Weißt du, wen der Dichter wohl meint?

Wenn du dann nach dem Frühstück zum Auto hetzt
und dich wie immer zu spät hinters Lenkrad setzt,
dann folgt dir noch bis zum Zaune dein Freund!
Weißt du, wen der Dichter wohl meint?

Wenn du spätnachmittags nach Hause schleichst
und laut fluchend übern Chef aus dem Auto steigst,
begrüßt dich schwanzwedelnd schon dein Freund!
Weißt du, wen der Dichter wohl meint?

Wenn du zum Ausgleich durch die Wiesen trimmst,
deinen Frust mit auf die Strecke nimmst
und ihn abbaust und an deiner Seite dein Freund!
Weißt du, wen der Dichter wohl meint?

Wenn du nach dem Abendbrot dich schlafen legst
und für den nächsten Tag deine Sinne pflegst,
wacht übers Haus und dein Leben dein Freund!
Du weißt es längst: ich habe deinen Hund gemeint!


Eine kleine Verschnaufpause sei erlaubt.
In diesen fünf Gedichten habe ich mich mit dem
Miteinander zwischen den Menschen und zuletzt
dem Umgang mit ihrem liebsten Haustier befasst.
Die Verse sind teils leicht und beschwingt, teils aber
auch durchaus nachdenklich stimmend.
Diese Gedichte vom Herbst / Winter 1997 waren,
wenn ich mir das so in der Nachbetrachtung
anschaue, so etwas wie die Ruhe vor meinem
lyrischen Sturmjahr 1998.

142

## Das passiert heute nicht mehr
(Mai 1998)

Wo bin ich hier, ist das noch mein zuhaus'?
Ich höre sie wieder schreien „Ausländer raus!"
Merken die denn nicht, dass es das Gleiche ist
wie vor über sechzig Jahren der ganze Nazi-Mist.

Die Reichskristallnacht? Ach, die ist so lange her.
Das war damals, das passiert heut nicht mehr!
Ich verstehe es nicht, muss mein Hirn mir verrenken,
ihr müsst lernen, an das Vergangene zu denken!

Ich dachte, es konnte lange in den Köpfen reifen.
Wir hatten 60 Jahre Zeit, um alles zu begreifen.
Was Juden durch die Pogrome zu leiden hatten,
durch die Gräuel und den Terror der Nazi-Taten.

Ich begreife es nicht, das leuchtet mir echt nicht ein:
so dämlich, ignorant und blind kann keiner sein!
Was die Nazis taten an jedem schrecklichen Ort,
war keine ethnische Säuberung, das war Mord!

In den Lagern, wo Millionen Juden zu Tode kamen,
skrupellos brutal die Nazis so viele Leben nahmen.
Wenn ich heute auf den Straßen die Bekloppten sehe
und denke zurück nach 1938, ich nichts verstehe.

Die reißen die Arme jubelnd hoch zum Hitlergruß.
Jeder weiß, dass das nicht sein darf noch muss.
Die haben einen Schaden, sind nicht mehr dicht,
bestimmt lernten die aus der Vergangenheit nicht!

Oder sind einfach zu blöd, haben nie hingehört
und sich nie gegen die Aufwiegler gewehrt.
Denn verlierst du den Job, haben die es leicht,
weil ihre Botschaft dich willkommen erreicht.

Die schieben den Buhmann den Ausländern zu.
Wieder schreien sie gegen Andere, geben keine Ruh
und schreien „Ausländer raus", das werdet ihr sehn:
Deutschland den Deutschen! Wäre das schön?

Ich würde mich freuen, das kannst du mir glauben
und brauchst jetzt nicht verächtlich zu schnauben,
bevor zu die Hand „zum Gruße" erhebst,
für einen Moment nachdenkst und überlegst.

Denn das, was du redest und was ihr da macht,
erinnert an diese schreckliche Nacht?
An den 9. November, als das Grauen begann
und jetzt fängt das Ganze schon wieder an.

Das ist für die Juden die Hölle gewesen,
kannst du in allen Geschichtsbüchern lesen.
Die Reichskristallnacht hat es gegeben,
der Beginn zur Vernichtung von Millionen Leben.

Wenn du jetzt mir sagst, das diese Show müsst'
und das mit den Ausländern etwas anderes ist,
dann bist du ein Trottel, ein wahrhaft armer Tropf,
hast kein Hirn, sondern nur ein Vakuum im Kopf.

## Zur Therapie
(Juni 1998)

Wenn ich im Fernsehen die Bilder seh
vom Ausländerhass, dann denk ich „Oh je!
Als ob man nichts aus der Geschichte lernen kann,
fängt der ganze Mist schon wieder an!"

Die Deppen, die da durch die Straßen rennen,
sich am Hitler-Gruß sofort erkennen,
die sollte man fangen, in den Autobus stecken
und zur Therapie erst in Ausschwitz wieder wecken.

Dort sollte man sie durch die Räume schleifen,
damit sie endlich diesen Wahnsinn begreifen.
Was vor sechzig Jahren geschehen ist
und was heute sicher keiner vermisst.

Und wenn diese Idioten weiter unbelehrbar sind,
sich dummstellen und bleiben für die Bilder blind,
sollte man sie in einer El-Al-Maschine verdingen
und die ganze Bande flugs nach Jerusalem bringen.

Dort wird man sich bemühen und das Eine buchen,
damit die Herrschaften „Yad Vashem" besuchen.
Hier werden ihnen Augen und Ohren vergehen
und danach können sie die Geschichte verstehen.

146

Wer in „Yad Vashem" durchs Dunkle getastet ist,
dieses beklemmende Erlebnis nie wieder vergisst.
Wer für 3 Minuten diese lähmende Angst verspürt,
weiß wie sie den Juden einst die Luft abgeschnürt.

Und wenn du im Lichtersaal die 1000 Kerzen siehst
und eine Stimme langsam Kindernamen liest
und du verstehst, dass jeder Name ein Leben war,
wird sicher jedem das Ausmaß des Grauens klar.

Dieses Grauen kann man mit Worten nicht messen
und deshalb dürfen wir es niemals vergessen!
Wir müssen es immer wieder den Neos zeigen,
damit die irgendwann ihre Häupter beugen.

Denn es ist schrecklich, was da einst geschah,
die Geschichte so fern, die Erinnerung so nah.
Zum Schluss sei erkannt mit großem Knall:
wir alle sind Ausländer – fast überall!

## Du bist nicht mehr da
(September 1998)

Langsam komme ich wieder zu mir,
es verklingt in der Seele der Schmerz.
Doch was mache ich noch hier?
Die Dunkelheit erdrückt mein Herz!

Eine Flut aus tausend offenen Fragen
überschwemmt mein Hirn, ich kann nichts machen.
So vieles würde ich gerne noch sagen,
doch niemals mehr ertönt dein Lachen.

Es ist noch gar nicht so lange her,
da warst du ein sicherer Teil von mir.
Doch jetzt, ich glaube, ich kann nicht mehr,
warte vergebens auf ein Zeichen von dir.

Ich sitze unter unserem Baum
und denke oft an diese schöne Zeit.
Ich träume manch verlorenen Traum
und warte auf die Ewigkeit.

Mein Leben war einst froh und hell,
du machtest meinen Alltag reich.
Hätte nie gedacht, doch es geht so schnell,
nun ist mein Leben traurig und düster zugleich.

Ich fiel in ein Loch, so groß und so tief,
das war an dem Tag als ich dich verlor.
Manch Träne mir seitdem über die Wange lief,
so weit weg und es kommt mir wie gestern vor.

Und doch ist es schon ein halbes Jahr her,
dass dieser schreckliche Unfall dich von mir nahm.
Ich kann es nicht fassen, ich vermiss dich so sehr,
mein Alltag ist nur noch Leid und Gram.

Ich sehe dein Lächeln, das Eisberge schmelzen kann,
deine Augen, so blau wie das Himmelszelt,
ich sehe: nichts! Ich sehe dich nie wieder an,
so trostlos ist und bleibt meine Welt.

Ich spüre deine Hand, die durchs Haar mir streicht,
ich höre deine Stimme, so rein und so klar,
dein Flüstern, das meine innerste Seele erreicht,
es ist alles vorbei! Du bist nicht mehr da.

Im Traum, da streichle ich deine samtweiche Haut,
du hast mir alles Wunderbare gegeben
und warst mir wie ich selbst vertraut.
Jetzt bin ich alleine, was soll noch dies Leben?

Wir haben an die Liebe geglaubt,
wir standen unter einem guten Stern.
Doch das Schicksal hat meine Träume geraubt,
der Tod riss dich fort, nun bist du so fern.

Du verließest für immer unser Leben
und musstest mich zurücklassen in dieser Welt.
Ich verzweifle, es kann keine Frau mehr geben,
die mir etwas bedeutet und wie du wirklich zählt.

Es ist so entsetzlich den Tag zu beginnen,
ohne in deinen Armen zu erwachen.
Ich sehe meine Lebenszeit verrinnen
und möchte so nicht mehr weitermachen.

Du warst mein Atem, ohne dich geht nichts mehr.
Ich wünschte, ich könnte die Zeit rückwärts drehen,
denn ich bin müde, ausgebrannt, ziellos und leer
und mag nicht mehr ohne dich weitergehen.

## Gedanken zum 9. November
(November 1998)

Neunter November, das war die Nacht,
da haben die Nazis Geschichte gemacht.
Heute vor exakt sechzig Jahren,
mussten Juden Hitlers schlimmen Hass erfahren.

Schaue ich zurück, so muss ich mich grämen
und für die deutsche Geschichte mich schämen.
Ich sehe lichterloh Synagogen brennen
und Menschen entsetzt um ihr Leben rennen.

Ich sehe Fäuste, die schlagen und Stiefel, die treten.
Ich sehe Kinder, die weinen und Alte, die beten.
Ich sehe Steine, die fliegen, höre Scheiben klirren,
sehe ängstliche Menschen durch Dunkelheit irren.

Ich rieche Rauch, der steigt aus brennendem Holz,
ich stehe Hitlerjungen, die stehen da stolz,
weil sie gerade den Juden ihre Grenzen zeigen.
Bald wird ganz Europa sich vor ihnen beugen.

Ich sehe es den stolzen Hitlerjungen an,
heute beginnt so richtig der Judenwahn.
Seit Jahrzehnten werden sie verfolgt und gehetzt
und heute Nacht die letzten Grenzen verletzt.

Heute Nacht wird so viel Blut vergossen
und das Ende des Judentums beschlossen.
Reichskristallnacht ist der schwärzeste Tag
an den man sich als Jude zu erinnern vermag.

Am Tag danach mussten sie das Weite suchen
und Hitler und seine Schergen verfluchen.
Denn es half weder zu klagen noch zu beten,
sie würden sie jagen, um sie alle zu töten.

In dieser Nacht haben sich die Häupter geneigt,
die Nazis haben es mit Blick nach vorne gezeigt.
Der 9. November war der Anfang vom Verderben.
Bis Kriegsende mussten 6 Millionen Juden sterben.

Ich Deutscher muss ehrlich und traurig bekennen:
diese Gräueltaten kann man nur Wahnsinn nennen.
Aber was mich heute so nachdenklich stimmt:
das nur ein kleiner Anteil Notiz davon nimmt.

Dass man sich wenig erinnert, kaum daran denkt
und nicht alle Aufmerksamkeit darauf lenkt,
was damals am 9. November geschah,
an diesen schwarzen Tag vor genau 60 Jahr!

## Zeitlos

(Dezember 1998)

Ich reise viel durch Raum und Zeit,
die Vergangenheit ist nicht sehr weit.
Nur ein kleiner Sprung und ich bin da
und auch die Zukunft ist so nah.
Doch am Liebsten, ja da bin ich smart,
ist mir meine Gegenwart.


Aber wenn ich mich nun rückwärts bewege
und meine vielen Erinnerungen pflege,
so denke ich zurück an die alte Zeit
ganz tief verborgen in der Vergangenheit.
Es ist lange her, wohl gut hundert Jahr,
als Kevelaer ein Dorf noch war.


Es gab keine Blechlawinen, keinen Stau,
keine Abgase, gute Luft, ich erinnere mich genau.
Es gab kein hektisches, unseliges Treiben,
die Menschen konnten leichter bedächtig bleiben.
Denn in dieser guten, alten Zeit,
da herrschte oft noch Gemütlichkeit.

Dennoch war das tägliche Brot
ein Knochenjob, die Köpfe rot,
die Hände wund, die Rücken krumm,
doch die Tage gingen ruhiger um.
Gefragt war wahrhaft Muskelkraft
und was ein Mensch pro Tag so schafft.

Der Alltag war hart, aber einfach zugleich.
Die Menschen waren arm, aber irgendwie reich.
Man hat das Wenige, was es gab, gerne geteilt
und oft gemeinsam in der Stille verweilt.
Man hatte Kleinigkeiten genauer betrachtet
und das Wunder des Lebens niemals verachtet.

Auch waren Geschäfte leichter zu machen,
es gab keine Notare, denn solche Sachen
wie ein Händedruck war wie ein Vertrag
so unumstößlich bindend und auch stark.
Ein Versprechen war ein gegebenes Wort
in Ost und West, in Süd und Nord.

In unserem schönen, deutschen Land
waren diese Gebräuche wohlbekannt.
Man konnte in der Not aufeinander bauen
und stets auf die Hilfe des Nachbarn vertrauen.
So denke ich zurück und weiß Bescheid:
so schön war im Kleverland die gute alte Zeit!

Doch nun springe ich durch Zeit und Raum.
Ist das nun wirklich oder nur ein Traum?
Die Nacht ist kühl, ich werde wach
und denke über unser Leben nach.
Ist sie denn wirklich so schrecklich hart?
Unsere heutige Gegenwart?

Nun ja: die Straßen sind voller geworden,
Touristen strömen herbei in großen Horden.
Ein Dorf ist Kevelaer schon lange nicht mehr,
seit Jahrzehnten kommen viele Touristen hierher.
Und auf Pilgerscharen aus der ganzen Welt,
haben sich die Marienstädter längst eingestellt.

Wo früher die Landwirtschaft regierte,
der Bauer fleißig seinen Pflug einschmierte,
dahin hat sich Kevelaer heute ausgedehnt,
so dass man sich oft nach damals sehnt.
Die Stadt wächst und mit ihr das hektische Treiben,
nur an wenigen Plätzen mag man in Ruhe bleiben.

Stets muss man rennen und sich beeilen,
kann nirgendwo in Stille verweilen.
Denn wer rastet, der bleibt einfach nicht auf Trab
und kriegt im Restaurant keinen Platz mehr ab.
So spürt man die Stille einer Pilgertour
in der Gnadenkapelle und auf dem Kreuzweg nur.

Am ständig wechselnden Geschäfte-Angebot
erkennt man deutlich der Betreiber Not.
Immer mehr Discounter drängen in die Stadt,
so dass bald der Einzelhandel keinen Platz mehr hat.
Im Konkurrenzkampf wird es schwierig, das ist klar
und Freundlichkeit und Service werden echt rar.

Das ist das Problem bei dem Leistungsdenken,
das keiner dem anderen mehr mag etwas schenken.
Früher waren entscheidend Regen und Wind,
so wie es heute die lieben Kunden sind.
Wird uns eine gute Lösung für alle gelingen?
Oder wollen wir so die nächsten Jahre verbringen?

Ein weiteres Mal mache ich einen Sprung,
schaue mich nun in der fernen Zukunft um.
Ich sehe eine überdachte Riesenstadt,
die alles außer Grünland zu bieten hat.
Stinkende Autos hat man längst abgeschafft,
die Fahrzeuge gleiten dahin mit solarer Kraft.

In Kevelaer und im gesamten Kleverland,
hat man auch den Preiskampf längst verbannt.
Einzelhändler gibt es schon lange nicht mehr,
die Geschäfte sind verwahrlost, stehen leer.
Man bezieht alle Waren von einem Großkonzern,
der ist so billig, da kaufen alle gern.

Man kann seinen Wohlstandsbauch richtig pflegen,
braucht sich aus dem Haus nicht mehr zu bewegen.
Längst ist sämtlicher Warenverkehr automatisiert
und läuft computergesteuert wie geschmiert.
Man hat viel mehr Zeit für sich und seine Lieben,
doch leider ist so vieles auf der Strecke geblieben.

Die Arbeitslosigkeit ist gigantisch hoch,
denn so richtig arbeiten nur wenige noch.
Natürlich die, die die Computer warten
und ständig komplexere Programme starten.
Bei so tollen Computern ist der Weg vorbestimmt,
weil der Blechkasten bald alle Arbeit übernimmt.

Bei dieser Entwicklung frage ich mich nur:
geht der Weg in den Kollaps oder zurück zur Natur?
Man munkelt, dass draußen vor der großen Stadt
sich eine neue Menschheit schon gebildet hat.
Die wollen dem Konzern nicht länger dienen
und zeitlebens für vergangene Fehler sühnen.

Man sagt, sie bauen ein neues Kevelaer,
so wie es damals – 1998 – war.
Mit echten Menschen statt Computerstimmen,
mit Parks in denen Familien sich trimmen,
mit Läden, in denen man selbst einkaufen kann
und bar bezahlt von Frau zu Mann.

Ein Ort, wo das Leben wieder lebenswert ist,
dieses Leben, das man nun schon so lange vermisst.
Wo der Mensch mit der eigenen Hände Kraft
wieder selbst für sich sorgt und den Alltag schafft.
Das ist das Ziel wonach die da draußen streben,
sie sind unterwegs zu einem besseren Leben.

Ein letztes Mal spring ich in den Zeitenstrom hinein,
lande in 1998 – genau hier will ich sein.
Denn hier und jetzt kann ich etwas bewegen
und mich beizeiten für ein besseres Morgen regen.
Damit sich jeder auf unsere Zukunft freuen kann,
ziehe ich durchs Land und bitte: Packt alle mit an!

Das waren meine „Kleinen Schritte" von November
1988 bis Dezember 1998.
Das siebte und letzte Kapitel in diesem Lyrikband
umspannt den Zeitraum vom April 1991 bis
Dezember 2020. Diese Sammlung von Gedichten hat
einen mehr oder weniger direkten Bezug zum Autor.

Darum trägt es auch einen vielsagenden Titel.
Ich wünsche noch einmal viel Vergnügen.

## Ganz persönlich

### Sagt Mama
(frei nach Hans Bradtke / April 1991)

Das bisschen Staubwisch haut dich doch nicht um,
sagt Mama.
Ja und das Saugen macht dich nicht gleich krumm,
sagt Mama.
Warum nur machst du immerzu so ein Trara,
ist unbegreiflich, sagt Mama.

Das bisschen Einkauf macht dir doch nichts aus,
sagt Mama.
Und mit dem Auto holst du Zeit noch raus,
sagt Mama.
Warum nur machst du immerzu so ein Trara,
ist unbegreiflich, sagt Mama.

Und was Mama sagt, ja das stimmt schon!
Ich muss es wissen, denn ich bin ja ihr Sohn!

Die Autos waschen kann so schlimm nicht sein,
sagt Mama.
Streng dich mal an, dann kriegst du sie schnell rein,
sagt Mama.
Warum nur machst du immerzu so ein Trara,
ist unbegreiflich, sagt Mama.

Und auch der Garten bleibt mir so nicht stehn,
sagt Mama.
Jetzt mach mal flott, dann ist es rasch geschehn,
sagt Mama.
Warum nur machst du immerzu so ein Trara,
ist unbegreiflich, sagt Mama.

Und was Mama sagt, ja das stimmt schon!
Ich muss es wissen, denn ich bin ja ihr Sohn!

Schau deine Schuhe, die sind ohne Glanz,
sagt Mama.
Mach die mal sauber, aber bitte ganz,
sagt Mama.
Warum nur machst du immerzu so ein Trara,
ist unbegreiflich, sagt Mama.

Nimm dir ein Handtuch und hilf bei dem Geschirr,
sagt Mama.
Geh bloß nicht laufen, denn ich brauch dich hier,
sagt Mama.
Warum nur machst du immerzu so ein Trara,
ist unbegreiflich, sagt Mama.

Und was Mama sagt, ja das stimmt schon!
Ich muss es wissen, denn ich bin ja ihr Sohn!
Ja was Mama sagt, ist ihr gutes Recht,
doch hör ich manchmal richtig schlecht!

160

## Das Lied von der Prüfung
(frei nach Friedrich Schiller / April – August 1991)

Fest verwurzelt auf dem Stuhle
sitzen die Prüflinge schreckerstarrt.
Gleich lassen sie alles von der Spule,
was sie seit drei Jahren aufgespart.
Von der Stirne heiß
rinnen muss der Schweiß.
Will man die Prüfung gut bestehen,
muss es wie am Schnürchen gehen!

Und schon kommt der erste Teil,
ist ein Hammer, das war doch klar.
Mehr zu wissen wär schon geil,
es wird überlegt, was mit dieser Steuer war.
Und siehe da wie ausgegossen
kommen Antworten rausgeschossen.
Das war großartig und fein,
doch könnt es auch ein Zufall sein!

Nun wird das Wirtschaftsrecht geritten,
der schwerste Teil, der wird gefragt.
Die Prüflinge haben arg gelitten
und sich damit herumgeplagt.
Sie flehen Stoßgebete zu dem Herrn,
denn der hilft ja den Schwachen gern.
Dann kommt die Erleuchtung auf den Fuß,
so dass diese Lösung gut sein muss!

Nun kommt der letzte Themenblock,
eine komplette Hauptabschlussübersicht.
Das ist der Rechnungswesen-Schock,
denn damit rechneten die Prüflinge nicht.
Aber Buchführung macht doch Riesenspaß,
darum gibt ein jeder so richtig Gas.
Mancher haut ein Superergebnis raus
und schon ist die schriftliche Prüfung aus.

So oder ähnlich ist es gewesen,
das konnte man ganz gut ertragen.
Es war mehr als nur die Spesen,
da brauchte keiner zu verzagen.
Nun schauen sie alle Richtung Sommer bestimmt
und hoffen, dass sie dann schlau genug sind.
Dann werden alle Sinne zusammengenommen,
um breit grinsend aus der Mündlichen zu kommen.


Zehn Wochen später stehen sie bereit,
die Schriftliche haben alle gepackt.
Jetzt ist für's große Finale die Zeit,
danach wird das Ganze abgehakt.
Von der Stirne heiß
rinnen muss der Schweiß.
Soll die Kommission eine 2 vergeben,
müsst ihr nach dem Besten streben.

162

Das Warten wird bald unerträglich,
da kommen die ersten Prüflinge raus.
Versagten diese vielleicht gar kläglich
oder stoßen sie einen Siegesschrei aus?
Seht nur, die Türe öffnet sich jetzt,
die Mündliche hat die Nerven zerfetzt,
die Köpfe sind rot, Blicke wutentbrannt.
da wurde gerad jemand Scheißtyp genannt.

Jetzt heißt es umso mehr: Nerven behalten,
man sollte bestens vorbereitet sein.
Man kann nur gute Noten gestalten,
lässt man sich auf kein Wortgemetzel ein.
Nun frisch ans Werk und die Panik vergessen,
alle starren gebannt, scheinen wie besessen
schon winken die Prüfer ihre Opfer herbei.
Die meisten prüfen sie auf vier, ein paar auf zwei.

Sogleich geht es zum Kreuzverhör,
Rechnungswesen macht großen Spaß.
Doch Steuerrecht ist richtig schwer,
da setzt es für manchen Prüfling was.
ESt, USt, Bewertungsrecht,
da wird dir schon vom Zuhören schlecht.
In einer Tour bis ins Detail.
doch gut vorbereitet übersteht man es heil.

Nun sind alle durch, es kommt die Pause,
die Abschlussnoten werden beraten.
Und nun? Trauermarsch oder große Sause?
Es heißt jetzt: warten, warten, warten!
Dann schleichen die Prüflinge wieder hinein,
wirken wie gelähmt, kann so etwas sein?
Die Prüfer mit Pokerface kritisch schauen.
Das vergrößert das ungewisse Grauen.

Es wurde gerechnet und zusammengezählt.
Schriftliche und Mündliche ergeben den Schnitt.
Nun hat der Vorsitzende mich ausgewählt
und teilt mir das Endergebnis mit.
Aber was sagt der Mann, das glaube ich nicht,
weil er von großem Dusel spricht.
Ich hab mich erhoben, gejubelt und gestrafft,
denn ich habe tatsächlich die 2 geschafft.

## Ich bin ich
(Februar 1993)

Ich bin kein Supermann
und erst recht kein Medienstar.
Kein Typ, der alles kann
oder weiß, was ist, was war.
Ich bin kein Wirtschaftsboss
und auch kein feiner Herr.
Sitz auf keinem hohen Ross.
Ich bin ich und sonst nix mehr!


Ich bin kein geniales Musikgenie
und auch kein gewiefter Verkaufsstratege.
Ein guter Sportler war ich noch nie.
Ich laufe lieber kurze Wege.
Ich bin kein hohes Tier,
kein Thyssen, Krupp oder Landers.
Ich sag es und bitte merke es dir:
Ich bin ich, so und nicht anders!

Ich bin überhaupt nicht karrieregeil,
lass mich nicht gerne aus der Ruhe bringen.
So bleibt meine Gesundheit mir heil
Und vieles wird mir leichter gelingen.
Ich brauche keinen Schnaps und kein Nikotin,
keine weichen und erst recht keine harten Drogen.
Beim Essen, da lange ich gerne mal hin,
so bin ich: gradlinig und nicht verlogen.


Ich bin direkt, offen und ehrlich zu dir,
spreche bedächtig aus, was ich so denke.
Vertrauen und Freundschaft findest du bei mir,
auch sicheren Rückhalt ich dir schenke.
So willst du mir die Hand drauf geben,
lass diesen Vertrag uns unterschreiben.
Du findest in mir einen Freund fürs Leben.
Denn das bin ich und so will ich bleiben.

## Dankeslied an die Mama
(Dezember 1996)

Als ich heute Bilder in einem alten Album fand,
dachte ich, wie schnell geht doch die Zeit ins Land.
Gestern noch in der Wiege und im Handumdrehen,
konnte ich schon erste, eigene Schritte gehen.

Damals schien es wie eine kleine Ewigkeit,
doch auch flugs verging die Windelzeit.
Wie viele hundert davon hast du wohl entleert?
Alleine dafür dir mein Dank gebührt.

Nach der Baby- kam die Kleinkindzeit,
egal was ich anstellte, du warst bereit,
um dreckige Hosen zu waschen, Wunden zu pflegen
oder einfach bei Papa ein gutes Wort einzulegen.

Danach kam die Schulzeit, mehr oder weniger schön
und du musstest viel Schlimmes mit mir durchstehn.
Du hast mich mit deiner Kraft unterstützt
und mich so vor manchen Problemen geschützt.

Nach der Schule kam die Zeit der Lehre,
sie erzeugte in meinem Kopf eine Schwere.
Doch du warst aufmunternd mir zur Stelle
und ich schwamm zum Erfolg auf dieser Welle.

167

Und heute? Arbeite ich seit Jahren erfolgreich schon
und mache nun nebenbei das Werbetexter-Diplom.
Das alles gut wird und nie eine Pleite,
danke ich dir, du stehst stets an meiner Seite.

Ich bin nun erwachsen und in all den Jahren
habe ich von dir immer so viel Gutes erfahren.
Ganz am Anfang hast du mich 9 Monate getragen
und wolltest nicht einen Tag auch nur klagen.

Du hast mich Jahre um Jahre genährt
und alles Wichtige für das Leben gelehrt.
Du warst viele Jahre „Hotel Mama" und mehr
und nicht nur dafür danke ich dir sehr!

Denn ich kann stets von deiner Mutterliebe zehren,
kann mein Herz mit deiner Güte nähren.
Was du mir gibst kann niemand ermessen,
darum möchte ich das Danke sagen nie vergessen.

### Der Herbst
(August 1997)

Der Wald trägt ein buntes Blätterkleid
und an den Reben reift der Wein.
Nun bricht an die schöne Herbsteszeit
lass sie fröhlich in dein Leben rein.

Die wunderbar prächtigen Sonnenstrahlen
Wärmen den Körper und den Geist zugleich.
Sie können Frohgemut in deinen Alltag malen
und beschenken dich damit sehr reich.

Es steigt der Nebel am frühen Morgen,
er wirkt erfrischend auf alle Glieder.
Im Dunste verhüllt er alle Sorgen.
Hier findest du deine Ruhe wieder.

Und wenn die Natur sich dann erhebt
zum Sturme und prasselnden Regen,
hast du dieses Ereignis schon erlebt?
Es bringt dir frische Kraft und Segen.

So streife durch deinen Herbst, dein Leben,
lass kein Hochgefühl am Wegesrand liegen.
Der Herrgott soll Gesundheit dir geben
und für die Zukunft Glück und Frieden.

### Der Herr im Haus
(Februar 1998)

Groß und massig stehst du da.
Dein Blick rät „Komm mir nicht zu nah!"
Du bist der Herr in diesem Haus,
Du bist die Katz und ich die Maus.

Ein breites Kreuz ist dein Markenzeichen,
dein Brüllen lässt jeden harten Mann erweichen.
Ein Blick in dein Maul lässt nichts Gutes ahnen,
du könntest den Weg mit den Zähnen dir bahnen.

Deine mächtigen Pranken und deine Körpermasse,
machen dich zum Wachhund der Extraklasse.
Das Haus und der Garten sind dein Revier,
Briefträger und Gärtner stehen Spalier

und denken bei sich, was mach ich oh weh,
wenn ich dem mal gegenüber steh.
Denn ich würde schon sehr gerne wissen,
komme ich da raus oder bin ich ein Leckerbissen?

## Gedanken zum Weihnachtsfest
(Dezember 1998)

Heulend pfeift der Wind ums Haus.
Es sieht sehr frostig draußen aus.
Die Himmelsschleusen wurden aufgemacht
und alles wird getaucht in die weiße Pracht.
Bei diesem Schnee lädt man einander ein
zum gemütlichen Beisammensein.

Alle sitzen im Haus in den warmen Stuben,
Väter und Mütter, Mädchen und Buben
und natürlich auch Onkel und Tanten
und alle anderen, lieben Verwandten.
Es ist eine besondere Stimmung im Raum,
so heiter gelöst, fast wie im Traum.

Die Gesichter strahlen, die Augen leuchten,
Freudentränen wollen die Wangen befeuchten.
Heute Nacht herrscht Frieden in der Welt,
das Christkind hat ihn selbst bestellt.
Menschen, die sich lieben und aneinander denken,
werden sich gegenseitig erfreuen
und voller Liebe beschenken!

-----

Mandeln, Nüsse, Nikolaus,
gefüllte Gans, oh Weihnachtsschmaus.
Marzipan und Schokolade,
Christstollen mit Orangeade,
leuchtende Augen und fröhliche Leut,
oh wie liebe ich die Weihnachtszeit.

Schneegestöber, klirrend kalt,
Schneeballschlacht mit Jung und Alt.
Zugefrorene Flüsse und Seen,
Eiszeit und Spazierengehn
und zuhause ist der warme Ofen bereit,
oh wie liebe ich die Weihnachtszeit.

Sich füreinander Gedanken machen,
in froher Runde miteinander lachen,
in sich gehen, an den Mitmenschen denken,
Freude teilen und einander beschenken.
Heiliger Abend endlich ist es soweit,
oh wie liebe ich die Weihnachtszeit.

## Der Herbst des Lebens
(September 1999)

Der Wind heult schaurig schön ums Haus,
das sieht bald schon nach Winter aus.
Viele werden der Sommerzeit nachtrauern.
Doch davor musst du nicht erschauern.
Die Luft wird frostig sein und klar
und danach beginnt das neue Jahr.


Du steckst in deinem Herbst mittendrin.
Ganz gemächlich gehen deine Tage dahin.
Der Herbst ist die goldene Lebenszeit.
Es stehen stillere, ruhigere Tage für dich bereit.
Die Ernte war gut und ist eingefahren.
Du kannst nun genießen nach all den Jahren.


Auch wenn noch manch Sturm um die Nase fegt
und manch trüber Tag aufs Gemüt sich legt
ist der Winter des Lebens für dich noch fern
und du sagst nicht mehr „Oh je" sondern „Gern"!
Der Regen im Herbst wird dir Segen bringen.
Der Alltag mag dir nun leichter gelingen.

Es kommen die letzten wärmenden Sonnenstrahlen,
die dir Heiterkeit ins Gesicht und die Seele malen,
sie erfreuen und erwärmen dich zugleich
und machen deinen Lebensabend reich.
So genieße die Jahre und den Herbst deines Lebens,
lebe, lache, kein einziger Tag sei vergebens.


Du kannst die Herbstjahre in Frieden genießen,
mit guten Freunden manches Fest begießen,
erwarte freudig den Winter in deinem Leben.
Noch viele schöne Feste wie heut wird es geben.
Alle Freunde werden gerne bei dir sein,
feiern ab heute mit dir in den Herbst hinein.


Und kommt nach geraumer Zeit der Winter zu dir,
auch das wirst du genießen, so glaube mir.
In deinem Frühling hast du den Grundstein gelegt,
hast im Sommer alles behütet und gepflegt,
hast im Herbst reich geerntet und nach diesen Jahren
wirst du einen milden, gnädigen Winter erfahren.

Und immer wieder drehen sich meine Gedanken um das Miteinander, das Zusammenleben von jungen und alten Menschen.

Der Lebensweg und die Lebenszeit beschäftigten mich viele Jahre in meinen Gedichten und heute, wo ich nun schon seit vielen Jahren an Romanen arbeite und schreibe, geht es mehr denn je um das Leben und Erleben des bzw. der Anderen und die Auswirkungen von menschlichem Handeln.

Mit diesen großen Gefühlen, positiven wie negativen Gedanken, Hoffnungen und Ängsten, Hass und Liebe, Miteinander und Gegeneinander setze ich mich immer wieder gerne auseinander und versuche meine – zum Teil widersprüchlichen – Gefühle zu erfassen und in Vers und Reim zu Papier zu bringen.

Die nun folgenden Gedichte beschäftigen sich einmal mehr nicht nur mit der Liebe zur Natur, sondern vor allen Dingen auch mit der Liebe zwischen Menschen, Mann und Frau, Kinder und Eltern, Groß und Klein.

## Schicksalswege
(April 2020)

Das Schicksal hat es so bestimmt,
dass meine Hand die deine nimmt.
Wir dürfen über Wolken schweben,
in unseren Seelen Harmonie erleben.
Auf Händen will ich dich stets tragen,
kein einziges Wort von Zweifeln sagen.

Ein Schwur ist so schnell ausgesprochen
und wird genauso schnell gebrochen.
Verletzende Worte, die Mahnung nicht gehört.
manch böser Streit hat die Harmonie zerstört.
Düstere Wolken verfinstern unser Himmelblau.
Weiß man erst wenn es zu spät ist alles genau?

Ich bin erschrocken, mir geht es sehr schlecht.
Habe dich wieder verletzt ohne jedes Recht.
Habe dich enttäuscht, oh je wie konnte ich nur.
Habe ihn gebrochen meinen heiligen Schwur.
Jetzt suche ich den Weg zurück zu dir.
Ich werde ihn finden – jetzt und hier!

**Der Sturm ist vorüber**
(April 2001)

Der Sturm ist vorüber.
Deine blauen Augen leuchten
und in mir geht die Sonne auf.

Dein Lächeln ist wie ein strahlender Himmel,
der die Wolkenberge meiner Seele durchstößt.
Du siehst mich an.

Wie Schneeglöckchen im eisigen Winde erblühen,
so erwacht neue Hoffnung in mir.

Du hast die düsteren Ängste in meinem Herzen
mit einer einzigen Bewegung weggewischt:

Du hast mich in den Arm genommen!

# Herbst
(November 2001)

Weizen und Gerste sind abgemäht,
die Zwischenfrucht schon eingesät.
Die Rübenernte ist nun so weit
und es beginnt die goldene Herbsteszeit.

Der Mais steht hoch und voll im Feld
und auf den Höfen wird sich eingestellt
auf Erntedank mit vollen Kammern,
denn bald wird uns der Winter umklammern.

Das Herbstlaub färbt die Wälder bunt,
Martinsgänse werden kugelrund.
Am Morgen wird es ganz spät hell,
am Abend wird es dunkel schnell.

Der Sommer geht, er war sehr schwül,
jetzt werden allmählich die Tage kühl.
Regenschauern ziehen über das Land
und durchnässen uns oftmals das Gewand.

Nun ziehen die Herbststürme rasch heran
und zeigen, wie wild die Natur sein kann.
Ende Oktober geht die goldene Herbsteszeit
und der nassgraue November steht bereit.

Wenn es draußen regnet und stürmt wie wild,
sitze ich in der Stube und betrachte dieses Bild.
Ich kann an der Natur mich satt kaum sehen
und denke so oft, ach ist das schön.

Bald wird das letzte Blatt gefallen sein,
dann kehrt Stille auf den Feldern ein.
Alle Erntearbeiten sind jetzt beendet
und es wird sich dem Winter zugewendet.

Der kommt gar schnell mit eisigen Winden,
man wird zuhause viel Ruhe finden.
So können wir den Winter auch genießen,
doch wir werden den Herbst ganz arg vermissen.

Eine weiße Landschaft mit Schnee und Frost
ist gegenüber dem Herbstbild ein schwacher Trost.
Denn nie leuchten die Wälder weit und breit
so schön wie in der goldenen Herbsteszeit.

## Ein zärtliches Gefühl
(Dezember 2001)

Ich hab ein zärtliches Gefühl für dich, mein Schatz.
Mitten im Alltagsgewühl bist du mein Ruheplatz.
Mitten in finsterer Nacht bist du mein Kerzenschein.
Meine Seele hungert, du magst mir Nahrung sein.

Mein Herz nach Liebe dürstet, du bist für mich da.
Bin ich weit weg, fühle ich mich doch ganz nah.
Wenn ich im Traume spazieren geh,
dann ist das schön, weil ich dich seh.

Ich sehe deine sanften, blauen Augen, die strahlen,
die trotz dunkler Wolken Zuversicht mir malen.
Wenn du mich anblickst geht in mir die Sonne auf.
Ich spüre deine Berührung und freue mich drauf.

Ich habe ein zärtliches Gefühl für dich, mein Schatz.
Mein Leben an deiner Seite, das ist der richtige Platz.

## Dankeslied
(November 2003)

Du bist mein Mondschein in düsterer Nacht,
du leuchtest mir, wenn ich mich fürchte.
Du bist mein Sonnenschein am kühlen Tag,
du erwärmst mich, wenn ich friere.

Du bist der Wind, der die Wolken wegbläst,
die meine Seele und mein Herz verdunkeln.
Du bist das Meer, das sanft rauschend mich beruhigt
und mich aus dem Alltagsstrom befreit.

Du bist mein Stern, gehst mir voran,
damit ich nicht irre und auf dem rechten Weg bleibe.
Du bist meine Erde, gibst mir Seelennahrung,
damit ich nicht versinke in den Wirren des Lebens.

Du bist mein Dschungel, den ich erforsche
und in dem ich immer neue Mysterien entdecke.
Du bist die unberührte Natur, die ich finde
und mich für alle Zeiten mit dir verbinde.

Es tut gut zu wissen, dass du da bist.
Ich danke dir dafür.
Ich weiß, dass du mir immer nah bist
und das ich immer wieder neu durch dich werde.

## Ein Weihnachtsgedicht
(Dezember 2003)

Ich schreibe dir ein Weihnachtsgedicht,
denn ohne dich zählt Weihnachten nicht.
Du bist wie Weihnachten in meinem Leben,
ohne dich würde es kein Weihnachten geben.

Regen, Sturm und kaltes Wetter,
auf den Straßen bunte Blätter,
ein kahler Baum, der ist der Zeuge,
der Herbst geht nun ganz rasch zur Neige.

Kälter werden nun die Tage
und auch kürzer ohne Frage.
Dunkel wird es schon sehr schnell
und dann scheint der Mond uns hell.

Raureif am Morgen bedeckt das Land,
geht mit eisigem Ostwind Hand in Hand.
Und dann, endlich ist es so weit,
es kommt die holde Weihnachtszeit.

Doch Besinnlichkeit muss ich hier suchen.
Zu viele Menschen hör ich fluchen.
Sie ärgert die Hektik in der Stadt,
wo keiner den Blick für den Nächsten hat.

Am Nikolaustag kehrt kurz Ruhe ein,
man lässt für einige Stunden das Rennen sein,
bei heißem Kakao kleine Geschenke getauscht
und schon den ersten Weihnachtsliedern gelauscht.

Doch schon am 7. geht das Rennen weiter.
Der Nikolaustag war besinnlich heiter.
Jetzt ist Besinnlichkeit fehl am Platz,
nicht Ruhe herrscht, nur Eile und Hatz.

Es geht nicht zu wie bei den Engeln,
hier gibt's ein Schubsen und ein Drängeln.
Jeder will an der Kasse der erste sein,
das ist so gar nicht weihnachtsfein.

Die schönsten Geschenke will man erhaschen.
Die Preise haben sich zwar gewaschen,
doch das stört die Meisten leider nicht,
weil man doch übers Geld nicht spricht.

Weil jeder hastend durch die Städte zieht
und leicht die Notleidenden übersieht.
So viel Geld für Geschenke, da bleibt nichts mehr!
Spar dir lieben einen Groschen und gib ihn her

einem Armen in die Hand, ich glaube schon
dankbare Blicke wären dann dein Lohn.
Wenn wir mehr teilen würden, was wir haben,
nicht nur Weihnachten kommen mit milden Gaben.

Ein Zehnt' vom Einkommen, das wäre fair.
Dann gäbe es weltweit keine Armen mehr.
Deine Rücksicht wäre das Gebot der Stunde
und bald wäre dein Vorstoß in aller Munde.

So lass die Weihnachtszeit uns nutzen,
um Gier und Neid die Flügel zu stutzen.
Herzenswärme, Güte, offene Augen,
können viel mehr zum Verständnis taugen.

Lass Mitgefühl in dein Herz hinein,
dann kann jeder Tag Weihnachten sein.
Nur zwei Wochen sind's bis zur Heiligen Nacht,
die Jagd nach Geschenken hat uns müde gemacht.

Da musst du entspannen im gemütlichen Café
bei heißem Kakao oder einen Gläschen Tee.
Beim Duft von Zimt und frischem Gebäck
bist du ganz rasch hin und weg.

Das liebe ich sehr, jetzt im Advent,
wenn hier und da eine Kerze brennt.
Ich schmecke Spekulatius und Mandelkern,
das haben nicht nur die Kinder gern.

Weihnachtsmarkt mit gebackenem Blumenkohl,
dazu ein Gläschen Glühwein, das schmeckt wohl.
Bei all der Hektik sich eine Auszeit gönnen
und nicht nur durch die Innenstadt rennen.

Viele Gerüche schweben durch die Luft.
An dieser Bude ist es ein Räucherduft,
dort Honigkerzen und Duftpotpourris,
verschönern das Heim und riechen gut überdies.

Bratapfelduft steigt mir in die Nase,
zur Deko Tannenzweige in großer Vase.
Keramikweihnachtsmänner schauen dich an,
dass man bei dem Anblick kaum nein sagen kann.

Mützen, Schals und wollene Socken
dich schon zum nächsten Stand hin locken.
Ich sehe Bergkristall, Amethyst und Rubin
und schiele nun zum Schmuckstand hin.

Jede zweite Bude, das darf man nicht vergessen,
bietet Heißgetränke oder was zu essen.
Schnüffeln, schlemmen, schnabulieren,
da braucht man sich nicht zu genieren.

Doch jetzt weiter, bald ist Heilige Nacht,
rasch werden die Geschenke nach Hause gebracht.
Man kann zufrieden in den Sessel sacken,
um die Geschenke liebevoll einzupacken.

Dann ist Heilig Abend, der Tag ist da
und auch die Heilige Nacht schon ganz nah.
Der Tannenbaum wird morgens aufgestellt,
schnell sich die hektische Stimmung erhellt.

Es beginnt mit einer stillen Feierlichkeit,
Weihnachten steht vor der Tür, es ist soweit.
Die Krippe mit Figuren wird aufgebaut.
Man das Ergebnis zufrieden beschaut.

Der Baum wird mit Kugeln reich behangen,
man hört Musik: „…wie es die Alten sangen"
und „Uns ist ein Ros entsprungen…".
Gut ist der Weihnachtsbaum gelungen.

Noch etwas Lametta und die goldene Kett,
die vielen Lichter leuchten ganz nett.
Endlich ist man fertig gar und ganz
und der Baum erstrahlt im Weihnachtsglanz.

Man setzt sich hin, man kann es erahnen,
um Pause zu machen und den Tag zu planen.
Nach einer Tasse Kaffee, das kann glücken,
um sich binnen zwei Stunden selbst zu schmücken.

Und dann mit dem Auto wie in allen Jahren
zur Christmette zur fernen Familie zu fahren.
Das wird zeitlich eng, um fünf geht es los,
doch dann ist die Weihnachtsfreude riesengroß.

Doch zunächst ist die Kleiderordnung dran.
Kleider machen Leute jeder sagen kann.
Wir wollen erstrahlen wie der Weihnachtsbaum,
so wird die Heilige Nacht zum Weihnachtstraum.

Die Damen möchten wie der Tannenbaum strahlen
und müssen sich darum die Gesichter bemalen.
Puder und Schminke und im Handumdrehn
ist man für die Feier ausgehschön.

Jetzt ist das Haarstyling angesagt,
mit dem wird sich nun herumgeplagt.
Hochsteckfrisur, Zopf oder Pferdeschwanz?
Entscheiden kann man sich nicht so ganz.

Letztlich ist der Zeitfaktor maßgeblich dafür,
welche Frisur kann ich, mag ich, mach ich mir.
Auch der Schmuck ist zu bedenken,
weil die Leute ihre Blicke darauf lenken.

Die Damen der Schöpfung haben es schwer,
am Ende der Dekoration können sie nicht mehr.
Die Herren der Schöpfung haben es leicht,
weil's ohne Schmuck und Schminke zur Feier reicht.

Mit Kamm und Bürste hat Mann eine gute Frisur.
Das ist kein Problem, dauert fünf Minuten nur.
Klamotten? Jeans, Janker und Hemd mit Kragen.
Das könnte man an Weihnachten wagen.

Oder schwarzer Anzug mit Hemd und Krawatte?
Geht! So steht man fix geschniegelt auf der Matte.
Zwei Stunden braucht also das weibliche Geschlecht
und die Herren sind nach zehn Minuten zu recht.

Das ist gut, so kann man den Verkehrsfunk hören
und mit gutem Fahrplan sich der Staus erwehren.
Endlich ist es soweit, die Fahrt geht los
und die Vorfreude, die ist riesengroß.

Die Straßen sind zum Glück sehr frei,
wir brauchen eine gute Stunde anstatt zwei.
Es ist noch nicht vier und wir sind ganz nah,
in zehn Minuten schon sind wir da.

Die zügige Anreise hat sich gelohnt,
die Blicke der Familie ungewohnt.
Man sah die Zeit schon zu lange verrinnen,
nun kann man das Weihnachtsfest beginnen.

Nach herzlicher Begrüßung steigen alle wieder ein,
um rasch zu fahren und an der Kirche zu sein,
einen guten Parkplatz zu finden, das wird gelingen,
um bald dann Weihnachtslieder zu singen.

Man findet in der Kirche Sitzplätze mit guter Sicht,
oh welch ein Glück! Stehen muss man heute nicht.
In der noch dunklen Kirche ist es feierlich still,
weil keiner in diese Ruhe hineinhusten will.

Nun ziehen Priester und Messdiener hinein,
laden die Gemeinde feierlich zur Christmette ein.
Dann werden bekannte Lieder angestimmt,
was Jedem die letzte Hektik nimmt.

Die Weihrauchkapsel wird kräftig geschwungen
und von Erlösung und vom Heiland gesungen.
Die Weihnachtsgeschichte wird erzählt,
auch die Predigt wird wieder gut gewählt.

Schließlich wird die Kirche wieder dunkel gemacht
und alle feiern gemeinsam die Heilige Nacht.
Zunächst wird „Oh du Fröhliche" gesungen,
hat lange nicht mehr in den Herzen geklungen.

Die Luft ist vom Weihrauch ganz erfüllt
und die Gemeinde von seinem Duft eingehüllt.
Die Tannenbäume strahlen, die Feierlichkeit steigt,
bis sich der Priester tief vor der Krippe verneigt.

Wie vor zweitausend Jahren in der Stille der Nacht,
hat auch heut das Christkind uns Freude gebracht.
Nun zieht wieder Stille in die Kirche ein,
denn bald schon wird diese Feier zu Ende sein.

Der Organist stimmt feierlich die Orgel an
und spielt laut und so schön wie er nur kann.
Erhaben und bedächtig singt der Priester das Lied
und alle singen „Stille Nacht, heilige Nacht" mit.


Jetzt ist die Stille Nacht eingekehrt
in unsere Herzen, wo sie hingehört.
Bewahre dir dieses feierliche Gefühl,
es bringt dir Frieden und so viel


kann mit diesem Gefühl gerettet werden.
Es bringt Frieden für alle hier auf Erden.
Lass Weihnachten bei allen Menschen sein,
dazu laden wir am Heiligen Abend ein.




Nach diesem epischen Weihnachtsgedicht im
Dezember 2003 habe ich mich mehr und mehr von
der Lyrik ab und dem belletristischem Schreiben
zugewandt.
Von 2004 bis 2020 habe ich nur noch drei Gedichte
geschrieben. In diesem Zeitraum habe ich aber auch
das mehrjährige Fernstudium „Die große Schule des
Schreibens" gemacht, einige Kurzgeschichten und ab
2009 meinen ersten Roman geschrieben.

## Streit

(April 2004)

Es beginnt mit einem Nieselregen,
ein leichter Schauer, macht kaum nass.
Ein Streitgespräch, oh nein! Von wegen:
ein handfester, lauter Streit wird das.

Der Regen prasselt, der Himmel zieht sich zu,
eine Wolkenwand verfinstert unseren Tag.
Erst rede nur ich, doch dann redest du,
es beginnt das, was keiner von uns mag.

Jetzt zischt ein Blitz von oben herab,
ein drohender Donner folgt hinten an.
Das Streitgespräch bringt uns beide auf Trab,
was keiner viel länger ertragen kann.

Ein wüstes Gewitter! Eine Regenflut droht,
die alles Leben und Lieben ertränkt.
Ich verlasse fluchend unser schwankendes Boot,
wir haben einander schrecklich gekränkt.

Der Sturm fegt ein Unwetter über uns hinweg,
eine bedrohliche Ruhe kehrt nun ein.
Tief sitzen Kränkungen und der Schreck.
Wir dieser böse Streit das Ende sein?

# Weihnachtszeit
(November 2019)

Kinderaugen leuchten so hell,
Tage gehen zu Ende so schnell,
lange Abende im Kerzenschein
laden zur Gemütlichkeit ein.

Bunte Märkte, Bratapfelduft,
heiße Maronen, Reibekuchenduft,
Glühwein und eine Bratwurst im Stehen,
da kannst du zufriedene Gesichter sehen.

Doch jetzt müssen wir ganz rasch laufen,
keine Zeit, um zu verschnaufen!
Nix ist mit Genuss und Besinnlichkeit,
für Entspannung haben wir keine Zeit.

Wir müssen schaffen, das ist klar,
das Jahresende ist so plötzlich da.
Und beim Resümee, das wir dann ziehen,
soll ein Gewinn in schwarzen Zahlen glühen.

Nein! So geht das nicht, ihr lieben Leut.
So wird das nichts mit der Weihnachtszeit.
So wird unsere Zeit für andere verrinnen
und wir haben keine Zeit uns zu besinnen.

Man muss ab und zu wahrhaft Pause machen.
Kurz mal mit dem Nächsten herzlich lachen.
Mal schauen und auf unsere Kinder hören,
die lassen sich doch auch nicht stören.

Kennen Hektik und den Stress noch nicht:
so ein Verhalten dir wahre Ruhe verspricht.
Den Augenblick erleben, im Moment verweilen,
anstatt zu rennen, zu laufen, zu eilen.

Sich ganz im Hier und Jetzt verlieren,
wird Besinnlichkeit dir garantieren.
Und gibt dir das Wertvollste weit und breit:
eine Atempause und kostbare Lebenszeit.

Denn das ist das größte Geschenk dieser Welt,
das Miteinander erleben gibt es nicht für Geld.
So können wir einander Freude bringen
und eine wunderbare Weihnacht wird gelingen!

## Der schöne Traum
(Dezember 2020)

Wir sitzen unterm Weihnachtsbaum
und erleben unseren schönsten Traum.
Muslime, Juden, Christen waren bereit
und auch Atheisten und andere soweit

ihre radikalen Ideen aufzugeben,
um miteinander in Frieden zu leben.
Wir vernichteten weltweit alle Waffen,
konnten Atombomben und -raketen abschaffen,

wir schauen nicht mehr auf arm und reich,
denn es sind doch alle Menschen gleich!
Wir verbannten Hass und Gier und Neid,
besiegten allen Hunger und alles Leid,

denn alle Menschen hatten festgestellt:
wir haben nur diese eine Welt!
Wir reichen uns die Hände, leben nun im Glück,
denn kein einziger Tag kommt jemals zurück.

Wir vermeiden Hektik und Stress und ohne zu eilen,
können wir im Hier und im Jetzt freudig verweilen.
Mit vereinten Kräften konnte es uns gelingen,
Weihnachten für immer in alle Herzen zu bringen!

## Nachwort

Ich hoffe, ich konnte Dir auf diesen beinahe zweihundert Seiten mit meinen Gedichten und meiner Lyrik aus fünfunddreißig Jahren meines Lebens ein wenig Freude bereiten.

Wie Du lesen konntest, war für jeden Geschmack und für jede Gemütslage etwas dabei. Es war heiter oder traurig, fröhlich oder melancholisch, sanft oder stürmisch, ganz oben oder ganz tief unten… so wie das Leben mit all seinen Facetten ist.

Die Thematik „Gedichte schreiben" habe ich im Großen und Ganzen für mich abgeschlossen. Darum wird es nur diesen einen Lyrikband von mir geben.

Vielmehr habe ich mich nach dem oben erwähnten Lehrgang „Die Große Schule des Schreibens" ausgiebig mit der Thematik „Romane schreiben" auseinander gesetzt und lebe nun diese neue Leidenschaft.

Gedichte sind Momentaufnahmen.

Aber um eine Geschichte vom Ausmaß eines Romans zu schreiben, brauchst Du einen langen Atem, Ausdauer, ein kluges Konzept, den Überblick über Deine Handlung, Freude am Schreiben und an der Sprache, die Begeisterung, Lebenswege und Schicksale zu erfinden und logisch von Menschen und Ereignissen zu erzählen.

Ich habe mich mit meinem ersten Roman „Das Grab des Kelten" für eine Kriminalgeschichte entschieden. Genauer gesagt ist es eine Mischung aus Mord und Totschlag, Liebe und Leidenschaft und führt Dir vor Augen, wohin Gier und Skrupellosigkeit führen können.

Wenn Du also nicht nur Gedichte lesen magst, schaue gerne mal rein.

Unter www.bod.de \ Buchshop findest Du mein Buch, kannst hinein schmökern, Hintergründe über die Geschichte und vom Autor erfahren und die eine oder andere Rezension lesen.
Und wenn Dir gefällt, was Du dort liest, möchte ich Dir meinen Krimi als Abendlektüre natürlich wärmstens empfehlen! Du kannst das Buch / eBook online überall dort kaufen, wo es Bücher gibt.

Ich wünsche Dir auch hierzu: viel Vergnügen!